职业技能等级认定培训教程

创业指导师

（二级）

中国就业培训技术指导中心
中国就业促进会　组织编写

中国劳动社会保障出版社

图书在版编目（CIP）数据

创业指导师：二级/中国就业培训技术指导中心，中国就业促进会组织编写．－－北京：中国劳动社会保障出版社，2025．－－（职业技能等级认定培训教程）．
ISBN 978-7-5167-3653-1

Ⅰ．F241.4

中国国家版本馆CIP数据核字第2025DN2425号

创业指导师（二级）
CHUANGYE ZHIDAOSHI (ERJI)

中国劳动社会保障出版社出版发行
（北京市惠新东街1号　邮政编码：100029）

*

北京瑞禾彩色印刷有限公司印刷装订　新华书店经销
787毫米×1092毫米　16开本　11.25印张　181千字
2025年7月第1版　2025年7月第1次印刷
定价：32.00元

营销中心电话：400-606-6496
出版社网址：https://www.class.com.cn

版权专有　　侵权必究
如有印装差错，请与本社联系调换：（010）81211666
我社将与版权执法机关配合，大力打击盗印、销售和使用盗版图书活动，敬请广大读者协助举报，经查实将给予举报者奖励。
举报电话：（010）64954652

编审委员会

主　任　王　颖　韩智力　柏　莉
副主任　葛恒双　赵铭皓
委　员　张　薇　林京耀　李燕萍　贾成千　管　颖
　　　　程诗雨　宋晶梅

本书编审人员

主　编　徐成响　赵　伟
编　者　赵　伟　魏　欣　张　弦　王　琨　冯　卓
　　　　黄　猛
审　稿　雷家骕　张　帏　吴维东　石锦澎　许　涛
　　　　陈立斌　滕斌圣　马德富　袁　岳　郭　英

前　言

习近平总书记指出："科技创新和产业创新，是发展新质生产力的基本路径。"通过创业推动科技创新和产业创新融合发展，为新旧动能转换和高质量发展提供强大动力支撑。首先，创新是创业之源，创业是创新之径。创新是创业活动的起点和持续发展的关键，为创业提供核心动力和差异化竞争力，而创业则为创新搭建实践平台，成为创新与市场的纽带，催化其商业价值，形成"创新－创业－再创新"的良性循环。其次，经济是创业之本，创业是经济之擎。良好的经济环境是创业保障，创业则可促进经济增长。创新企业和新兴行业占比提高，推动产业升级和经济结构优化，实现经济高质量发展。最后，就业是民生之本，创业是就业之源。创业浪潮催生一大批中小微企业，进而提供大量就业机会，尤其是服务业和高科技领域吸纳了大量劳动力。创业已成为缓解就业压力的重要途径。

创业质量是衡量创业活动效率的重要指标，包含创业实践率、创业成功率、企业稳定率、创业群体素质和创业层次等。从实际情况看，我国创业质量有了一定提高，但仍存在创业项目同质化严重、企业可持续发展乏力等问题。随着创业环境日趋成熟，越来越多的创业者意识到决定创业能否成功的，不仅是政策环境、市场策略，更是自身的成长速度。在全球竞争加剧、创业难度提升的背景下，创业者需要在不确定性中锻造更强的创业创新能力。创业指导师作为经验丰富的引路人和陪伴者，为创业者提供多维度的战术指导和战略赋能，显著提升了初创企业的成功率与成长效率。近年来，各有关部门和高校结合自身职能特点和服务对象需求，发挥创业培训师资、创业导师、创业专家志愿团等作用，为高校毕业生、乡村创业带头人、小微企业主等各类创业群体提供创业培训指导服务，取得显著成效，也为培养一支专业的创业指导师队伍奠定了坚实基础。

为贯彻党的二十大关于"完善促进创业带动就业保障制度"的决策部署，人力资源社会保障部等7部门联合印发《关于健全创业支持体系提升创业质量的意见》，提出着力构建"创业培训、创业服务、创业孵化、创业活动"四创联动的支持体系，"深入实施创业指导师职业技能等级制度"，做好创业指导师的培养、使用、评价和激励相关工作，切实加强创业指导师队伍专业化、规范化建设。为此，中国就业培训技术指导中心、中国就业促进会组织编写了创业指导师职业技能等级认定培训教程（以下简称教程）。教程紧贴《创业指导师国家职业标准（试行）（2024年版）》要求，内容上体现"以职业活动为导向，以职业能力为核心"的编写原则，结构上按照职业功能模块分级别编写。该教程包括《创业指导师（基础知识）》《创业指导师（四级）》《创业指导师（三级）》《创业指导师（二级）》《创业指导师（一级）》5本。《创业指导师（基础知识）》是各级别创业指导师均需掌握的基础知识，其他各级别教程分别包括各级别创业指导师应掌握的理论知识和操作技能。本书既是创业指导师职业技能等级认定培训的推荐教程，也可作为政府相关部门、高校、创业孵化基地、创业园区、创投机构中从事创业培训、创业服务、创业大赛等工作的相关人员以及从事法律、金融、财会等工作，且经常接触创业项目评审、谈判等事务的人员的工具书。

　　本教程是在专家们的共同努力下完成的。同时，清华大学、浙江大学、同济大学、西安交通大学、长江商学院以及产业界的专家、学者对本教程提出了宝贵建议。随着数字经济、人工智能不断发展，创业创新活动也不断迭代升级，教程中的一些观点难免有疏漏之处，敬请谅解。也期待广大读者在使用过程中能够提出建议，以便在修订或再版时得以完善。

中国就业培训技术指导中心
中国就业促进会

目 录 CONTENTS

职业模块1　创业培训服务 ……………………………………………………… 1

培训课程1　创业培训课程开发 ………………………………………………… 3
学习单元1　制订创业培训课程目标 …………………………………………… 3
学习单元2　设计创业培训课程 ………………………………………………… 5
学习单元3　准备创业培训课程 ………………………………………………… 15

培训课程2　创业培训教学实施 ………………………………………………… 22
学习单元1　企业发展阶段的培训重点 ………………………………………… 22
学习单元2　应用培训授课技巧 ………………………………………………… 24
学习单元3　设计制作创业培训教具 …………………………………………… 28

培训课程3　创业培训效果评估 ………………………………………………… 31
学习单元1　制订创业培训效果评估方案 ……………………………………… 31
学习单元2　设计创业培训效果评估工具 ……………………………………… 33

职业模块2　企业经营管理指导 ………………………………………………… 39

培训课程1　问题诊断 …………………………………………………………… 41
学习单元1　企业经营管理中的常见问题及其诊断的原则和流程 …………… 41
学习单元2　诊断企业经营管理中的融资问题 ………………………………… 50
学习单元3　诊断企业经营管理中的知识产权问题 …………………………… 55
学习单元4　编写指导建议书 …………………………………………………… 59

培训课程2　方案制订指导 ……………………………………………………… 66
学习单元1　问题解决方案的制订 ……………………………………………… 66
学习单元2　制订解决方案的行动计划 ………………………………………… 71

培训课程3　方案执行指导 ……………………………………………………… 78
学习单元1　培训服务对象 ……………………………………………………… 78
学习单元2　调整行动计划 ……………………………………………………… 85

培训课程 4　效果评估 ⋯⋯⋯⋯⋯⋯⋯⋯⋯⋯⋯⋯⋯⋯⋯⋯⋯⋯⋯⋯⋯⋯ 88
　　学习单元 1　设计效果评估指标和工具 ⋯⋯⋯⋯⋯⋯⋯⋯⋯⋯⋯⋯⋯ 88
　　学习单元 2　编写执行效果评估报告 ⋯⋯⋯⋯⋯⋯⋯⋯⋯⋯⋯⋯⋯⋯ 94
培训课程 5　后续服务 ⋯⋯⋯⋯⋯⋯⋯⋯⋯⋯⋯⋯⋯⋯⋯⋯⋯⋯⋯⋯⋯⋯ 101
　　学习单元 1　对企业开展后续服务 ⋯⋯⋯⋯⋯⋯⋯⋯⋯⋯⋯⋯⋯⋯⋯ 101
　　学习单元 2　结果交付 ⋯⋯⋯⋯⋯⋯⋯⋯⋯⋯⋯⋯⋯⋯⋯⋯⋯⋯⋯⋯ 105
　　学习单元 3　服务效果评价 ⋯⋯⋯⋯⋯⋯⋯⋯⋯⋯⋯⋯⋯⋯⋯⋯⋯⋯ 108

职业模块 3　创业服务活动指导 ⋯⋯⋯⋯⋯⋯⋯⋯⋯⋯⋯⋯⋯⋯⋯⋯⋯ 113

培训课程 1　创业服务活动策划指导 ⋯⋯⋯⋯⋯⋯⋯⋯⋯⋯⋯⋯⋯⋯⋯⋯ 115
　　学习单元 1　策划并指导实施市场资源对接活动 ⋯⋯⋯⋯⋯⋯⋯⋯⋯ 115
　　学习单元 2　策划并指导实施人力资源对接活动 ⋯⋯⋯⋯⋯⋯⋯⋯⋯ 126
培训课程 2　创业（创新）竞赛指导 ⋯⋯⋯⋯⋯⋯⋯⋯⋯⋯⋯⋯⋯⋯⋯⋯ 132
　　学习单元 1　制订创业（创新）竞赛方案 ⋯⋯⋯⋯⋯⋯⋯⋯⋯⋯⋯⋯ 132
　　学习单元 2　制订创业（创新）竞赛评审规则 ⋯⋯⋯⋯⋯⋯⋯⋯⋯⋯ 143
　　学习单元 3　实施创业（创新）竞赛项目评审 ⋯⋯⋯⋯⋯⋯⋯⋯⋯⋯ 148

职业模块 4　培训与指导 ⋯⋯⋯⋯⋯⋯⋯⋯⋯⋯⋯⋯⋯⋯⋯⋯⋯⋯⋯⋯ 153

培训课程 1　培训 ⋯⋯⋯⋯⋯⋯⋯⋯⋯⋯⋯⋯⋯⋯⋯⋯⋯⋯⋯⋯⋯⋯⋯⋯ 155
　　学习单元 1　制订创业指导师培训计划 ⋯⋯⋯⋯⋯⋯⋯⋯⋯⋯⋯⋯⋯ 155
　　学习单元 2　编写培训讲义 ⋯⋯⋯⋯⋯⋯⋯⋯⋯⋯⋯⋯⋯⋯⋯⋯⋯⋯ 160
培训课程 2　指导 ⋯⋯⋯⋯⋯⋯⋯⋯⋯⋯⋯⋯⋯⋯⋯⋯⋯⋯⋯⋯⋯⋯⋯⋯ 165
　　学习单元 1　创业指导工作中的常见问题和指导 ⋯⋯⋯⋯⋯⋯⋯⋯⋯ 165
　　学习单元 2　制订培训指导规范 ⋯⋯⋯⋯⋯⋯⋯⋯⋯⋯⋯⋯⋯⋯⋯⋯ 168

职业模块 ①
创业培训服务

培训课程 1 创业培训课程开发

学习单元 1 制订创业培训课程目标

一、培训课程目标的构成要素和制订原则

培训课程目标是指希望通过培训达到的标准和结果，通常涉及知识获得、技能提升、态度改变或加强、工作行为改进、企业或人员绩效提高等。

1. 培训课程目标的构成要素

一个完整的培训课程目标通常包括五个要素，可以用 A、B、C、C、D 来表示，分别为：

（1）Actor：接受培训的对象。

（2）Behavior/Performance：行为、行动。

（3）Condition：做出行为所需的条件。

（4）Content：具体实现的内容。

（5）Degree：要求达到的标准和程度，如熟练程度、数量、质量等。

例如，某营销类培训课程目标为，面对客户时（条件），销售人员（对象）能够在 3 分钟内准确、完整、清楚（标准和程度）地介绍（行为）出产品的基本信息（内容）。

培训课程目标应具有可衡量性，所以在制订培训课程目标时，要避免使用含义过多或者解释模棱两可的词汇，而应选择表意清晰准确的词汇，特别是动词的使用。表 1-1 列举了一些制订培训课程目标时建议使用和避免使用的动词，供参考。

表1-1 建议使用和避免使用的动词

建议使用的动词	避免使用的动词
写出、陈述、展示、证明、列举、区分、比较、对照、分类、论证、制定、组织、示范、总结、挑选、解决	了解、明白、理解、领会、掌握、知道、熟悉、想象、欣赏、考虑

2. 培训课程目标的制订原则

培训课程目标必须切合实际,这就要求创业指导师制订培训课程目标时要遵循相应的原则,一般为SMART原则,见表1-2。

表1-2 SMART原则

原则	说明
明确具体的 Specific	目标能够用明确具体的语言清楚地表述出来
可衡量的 Measurable	目标能够被比较、衡量
可实现的 Achievable	目标通过努力行动是可以达到的,不能高不可攀,要符合现实情况和实际工作
相关的 Realistic	目标符合组织和个人对投入产出的期望值
有时限的 Time-limited	目标一定要有明确的时间限定,没有时间限定的目标是没有办法被衡量的,或者被衡量的结果是不公正的

二、制订培训课程目标的步骤

1. 步骤一:提出目标的初步构想

培训课程目标是根据培训需求分析的结果提出的,在课程设计之前就要明确地提出培训课程目标。但是,培训课程目标的提出并不是一次性的工作,它可以随着对培训对象了解程度的不断加深而被不断修订完善。

2. 步骤二:确定目标层次

培训对象的培训需求通常具有多样性,由于培训资源不是无限的,所以培训课程目标不可能满足所有的培训需求,这就要求创业指导师制订培训课程目标时要分清层次、区别对待,见表1-3。培训课程目标至少要体现"必须达到"和"应该达到"两个层次,只有完成了"必须达到"和"应该达到"的目标,才能考虑"可以达到"的目标。

表1-3 培训课程目标的层次

目标的层次	目标达到的效果
必须达到 Must	培训效果达到基本要求
应该达到 Should	培训效果很好
可以达到 Could	培训效果最佳

3. 步骤三：检查目标的可行性

创业指导师要结合培训对象的实际情况检查培训课程目标能否实现，如需要应做相应调整。培训课程目标一般分为知识目标、技能目标和态度意识目标三类。知识目标较其他两类目标更容易实现，往往通过有效的传递就能做到。技能目标的实现需要较多时间，因为培训对象需要通过大量的实践练习才能掌握相关技能。态度意识目标的实现则需要更多的时间，因为改变人的观念并不是一件容易的事。

此外，创业指导师还要检查培训课程目标能否满足相应的指导咨询工作需求，因为在指导咨询工作过程中意识培训课程、咨询工作流程培训课程、专项技能培训课程和操作技能培训课程需要达到的效果和程度是不同的。

学习单元2 设计创业培训课程

一、创业培训课程的构成要素

培训课程设计是指规划和预先制定培训课程的结构、要素，以及各要素的组织形式或安排，这些要素通常包括课程目标、课程内容、课程组织及课程评价等。尽管培训课程服务的对象和实现的目标各有不同，但构成培训课程的要素基本上是固定的。一般来说，创业培训课程主要由以下要素构成，见表1-4。

表1-4 创业培训课程的构成要素

构成要素	内容
课程目标	课程目标指明了学习的方向和学习过程中各阶段所要达到的标准。课程目标应该是培训目标的子目标，是对培训目标的分解并具体化
课程内容	课程内容主要指培训的知识、技能等，对课程内容的组织主要从范围和顺序两个方面考虑

续表

构成要素	内容
培训材料	培训材料是对课程内容有机组合后呈现给学员的学习素材。培训材料可以选择现有成形的材料,也可以根据现有材料组合改编,或自行开发
培训模式	培训模式主要涉及学习活动的安排和教学方法的选择
课程组织	课程组织主要指如何组织安排整个课程的教学活动
课程评价	设计培训课程时要确定课程评价的方法和指标,以便评估和衡量课程培训效果
时间安排	课程时间的设置和分配
空间安排	实施培训的场所。线下培训空间包括内部的环境和外部的环境,线上培训空间包括线下直播或录播的物理空间和线上培训虚拟空间(或学习平台)

二、创业培训课程设计原理

1. 布鲁纳教学四原则

布鲁纳（Jerome Seymour Bruner）是美国著名的教育心理学家,是结构主义教育流派的代表人物之一。他认为,教学原则对学习者有效获得知识和技能至关重要,并为评价教学方法和学习方法提供了标准。布鲁纳总结的四条学习原则为培训课程设计提供了指导,如图1-1所示。

图1-1 布鲁纳教学四原则

（1）动机原则。学习过程和效果取决于学习者对学习的准备状态和心理倾向。布鲁纳认为,促进学习者学习的真正动力是内在的动机,在培训过程中应该重视激发学习者的内在动机,唤起其对学习的积极性,将理性和非理性因素、智力和非智力因素相结合,促进学习者整体协调发展,具体表现在以下两个方面：一是重视已具备的经验在学习中的作用,学习者总是在已有经验基础上对输入的新信息进行组织和重新组织；二是重视学习的内在动机与发展学习者的思维,学习的最好动机是对所学对象本身的兴趣,不宜过分重视奖励、竞争等外部刺激。

因此,培训应激发、维持和指向学习者的内部动机,使学习和解决问题的活动积极主动地进行。创业指导师在设计创业培训课程时要依据学员兴趣的激发、维持和指向原则进行。

（2）结构原则。选择适当的知识结构，并采用适合学习者认知结构的学习方式，才能促进学习。布鲁纳认为，任何学科知识都是具有某种框架结构的，以此反映事物之间的联系和规律性。所以，学习知识结构就是学习事物间的相互联系、变化和发展。

创业指导师要使学员理解创业培训课程内容的基本结构，包括知识结构和学习态度、方法两个方面。例如，创业指导师在指导学员掌握咨询的某一步骤时，应将指导咨询的整个流程与该步骤结合，促使学员更好地掌握。

（3）序列原则。按最佳程序组织和实施教学内容。布鲁纳认为，教学序列直接影响学习者掌握知识的程度，合理的序列取决于学员的学习能力、处理信息的局限性和学习活动的特点等多种因素。

创业指导师设计创业培训课程时应根据学员的学习水平、发展阶段、培训内容和个体差异确定合理的序列，以利于让学员构建起整体性和层次性的知识结构，同时遵循从已知到未知、从具体到抽象、从低级到高级的规律。

教学序列设计得是否合理对于培训效果的好坏有着重要影响。

（4）反馈原则。又称强化原则，是指让学习者适时了解自己的学习状态和学习成果。布鲁纳认为，反馈是教学过程中不可缺少的一种积极评价，通过提供有关的教学信息，了解教学效果，发现问题并进行相应调整。

创业指导师设计创业培训课程时，必须注意对学员及时反馈。及时反馈的目的主要包括三个方面：

1）及时纠错，防止学员对错误知识先入为主和积重难返。

2）及时听取学员意见，了解学员学习感受以及学习情绪。

3）从学员的反馈中吸取经验教训，及时调整培训过程，实现最佳培训效果。

2. 戴尔"经验之塔"理论

美国视听教育家戴尔（Edger Dale）在《视听教学法》一书中，阐述了录音、广播等视听教学手段怎样在教学中运用以及会产生什么样的教学效果等问题，总结出一系列的视听教学方法，提出了视听教学理论。他把人类获取知识的途径和方法总结成一个"金字塔"的形式，提出"经验之塔"理论。

戴尔认为，学习主要通过直接经验和间接经验获得。他把人类学习的经验分为三类十个层次，如图1-2和表1-5所示。

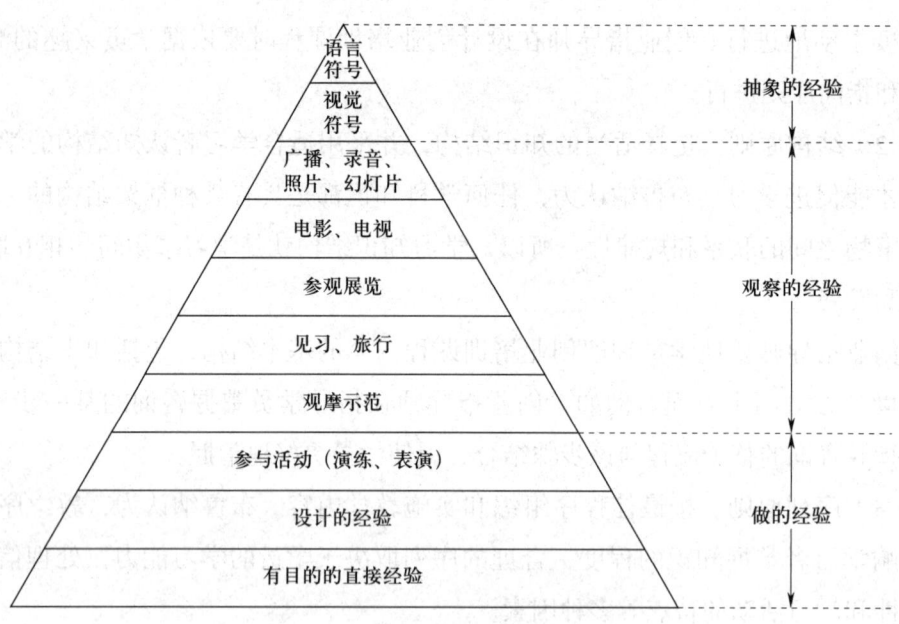

图 1-2 戴尔"经验之塔"理论

表 1-5 戴尔"经验之塔"理论

类别	层次	内容
抽象的经验（通过抽象型媒体获取信息）	语言符号	口头语言和书面语言，是一种纯粹的抽象经验
	视觉符号	表达一定含义的图形等抽象符号
观察的经验（通过观察事物和载有事物信息的媒体间接获取信息）	广播、录音、照片、幻灯片	为学习者提供必要的、容易记忆和理解的感性材料，借助解说进行提示、分析和总结
	电影、电视	通过屏幕上展示的真实事物的代表，而不是事物本身，获得替代经验
	参观展览	通过观察了解学习知识
	见习、旅行	可以看到真实的事物和景象
	观摩示范	通过看别人如何做获得操作的信息
做的经验（通过亲身接触与实践获取信息）	参与活动（演练、表演）	通过表演、研讨等活动，感受那些在一般情境下无法获得的感情上或观念上的体验
	设计的经验	借助对"真实的改编"更好地理解真实的事物。例如，利用制作模型对真实事物进行学习，会取得更好的效果
	有目的的直接经验	与真实事物本身直接接触获得的经验，是最丰富的具体经验

戴尔的"经验之塔"以一种形象化的方式说明了人的学习经验从直接参与到用图像代替再到用抽象符号表示的逐步发展过程。

创业指导师在设计创业培训课程时，应根据学员需求、能力和培训任务性质，参照"经验之塔"选择合适的培训课件、教辅材料和方法。

3. 科尔伯学习风格理论

学习风格是指在学习环境中学员感知信息，并对信息进行加工、处理、储存和提取时偏好的方式。美国麻省理工学院科尔伯（David Kolb）博士就个人学习倾向问题进行深入研究，提出了学习风格理论，将人的学习和认知过程分成两个维度和四种学习风格。

（1）两个维度。

1）第一个维度是学习者如何感知信息。感知的方式包括具体感知和抽象感知两种。具体感知者学习的最好方式就是获取直接的经验，他们偏爱通过参与活动、实践工作等亲身体验来获取信息；抽象感知者学习的最好方式就是分析，他们更愿意通过观察、思考来获取信息。虽然学习者也可能同时运用两种方式获取信息，但是总有一种占主导地位。

2）第二个维度是学习者怎样进行学习，指的是知识和技能在第一次被介绍时个体是如何对其进行处理的。处理的方式包括观察型处理和行动型处理两种。观察型处理者认为利用观察的方式更有助于确认和理解信息；而行动型处理者则喜欢立即使用新知识，通过直接的经验感受处理信息。同样，学习者也可能同时运用两种处理方式，但还是有一种会处于主导地位。

（2）四种学习风格。感知方式和处理方式的不同组合，形成了四种学习风格，如图1-3所示：理论者，抽象感知者/观察型处理者；实用者，抽象感知者/行动型处理者；体验者，具体感知者/观察型处理者；行动者，具体感知者/行动型处理者。

例如，在"学习如何为客户提供咨询"这个问题上，理论者偏爱阅读各种资料，了解咨询的知识和技能，体验者更愿意观察其他创业指导师是如何为客户提供咨询服务的，实用者往往会请教资深的创业指导师如何为别人提供咨询服务，行动者则会实际运用所学的咨询知识和技能，在实践中学习。

创业指导师在设计创业培训课程时要参考培训需求分析的结果，选择符合学员学习风格的培训方法，因材施教。

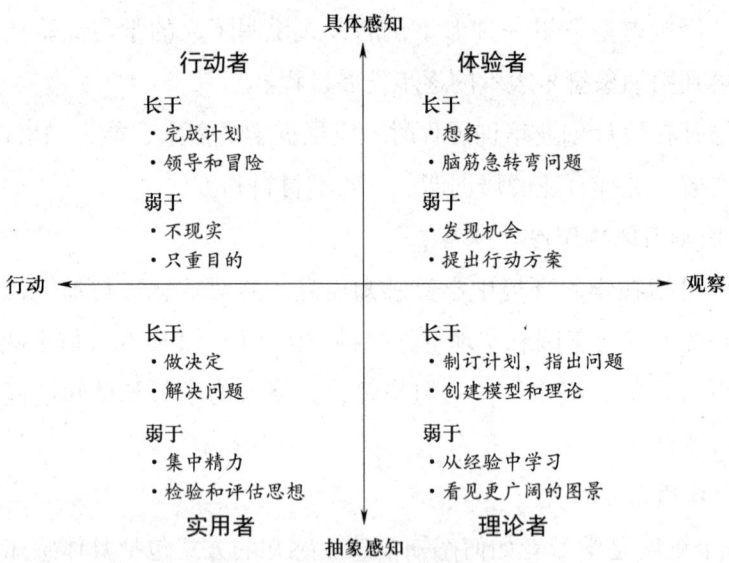

图 1-3 科尔伯学习风格理论

4. 成人学习理论

创业指导师面对的培训对象大都是成人,所以,了解和掌握成人学习理论对于设计行之有效的创业培训课程十分重要。

成人学习理论之父马尔科姆·诺尔斯(Malcolm Knowles)在1973年出版的《成人学习者:一个忽视的人群》一书中提出了成人学习的五种假设:

假设一,成人学习前要明确学习目的和原因。

假设二,成人学习多为自我指导式学习,喜欢按照自己的学习方式和进度学习,主动评判自己的学习需求,形成学习目标,选择学习资源并评价学习结果。

假设三,成人学习喜欢和自身经验结合,但是,经验对于新知识、新技能和新态度的学习有"双刃剑"效应,如图1-4所示,它可能会帮助成人加深对现有学习内容的理解和掌握,也可能会阻碍成人进一步的学习。如果成人学习的新内容与其价值观、判断标准和行为习惯等存在矛盾,那么,他很可能会对所学的新内容等有心理抵抗。

假设四,成人往往会带着问题参与学习,他们参加培训的目的性很强,希望通过培训获得方法、提高能力、解决实际工作中面对的问题,期待在培训中将自己的想法和问题表达出来,得到认可和重视,解除困惑。

假设五,成人学习往往是受到内部和外部的激励所致。不过,相对于薪酬、职位、工作压力等外部激励因素而言,内部的被认可、受尊重、实现自我价值等激励因素更容易成为成人主动学习的动力。

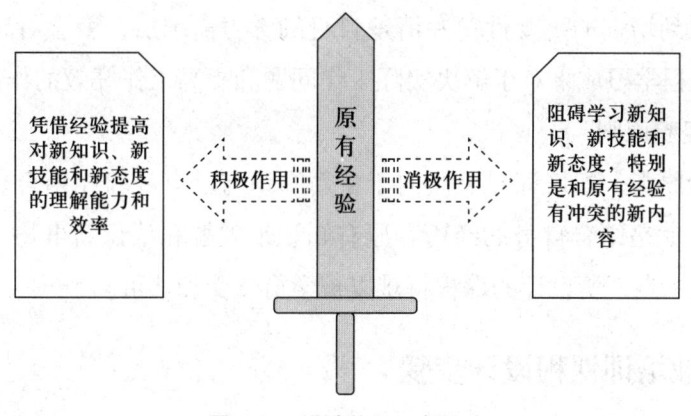

图 1-4 经验的双刃剑效应

成人学习理论对创业指导师的一个重要启示就是，成人学员学习的一个基本要求就是互动性。参加创业培训课程的学员已有一定的知识储备，形成了自己的知识结构，而且具有相对丰富的工作经验，往往能够把理论与实践在高层次上结合起来，强调知识的可操作性和实践性，以此来指导自己的工作。同时，他们具有一定的人生阅历，对人和事形成了相对固定的思考模式和见解。因此，创业指导师在设计创业培训课程时要注意综合采用多种形式和方法，以实现培训目标。

三、创业培训课程设计原则

1. 学习目的原则

学习目的原则，即让培训对象清晰地了解学习课程的目的，让他们了解课程能够为其带来哪些帮助，才能激发他们的学习动力，促使他们积极主动地参与到创业培训课程学习中，取得良好的培训和学习效果。

2. 学习需求原则

学习需求原则，即以满足培训对象的学习需求为核心。学习需求原则主要体现在两个方面：一方面，创业指导师要让学员感受到培训的必要性和紧迫性，意识到自身有现实或迫切的学习需求；另一方面，创业指导师要依据培训需求调查的结果，使课程内容紧密围绕学员的实际需求展开，确保培训课程能够实现课程目标，并最终实现培训目标。

3. 实际应用原则

实际应用原则，即培训对象更重视学习内容实际应用的效果。学员在明确学习目的，认识到培训的重要性，并清楚自身的学习需求后，就会特别关注课程的实用性以及课程学习成果对于解决实际工作问题和提高工作绩效的作用。

4. 结合经验原则

结合经验原则，即培训对象倾向于将新知识与已有经验相结合。成人学习的一个重要特征就是结合自身的经历和原有知识来理解和认识新事物。创业指导师如果忽视了这一点，所设计的课程将难以被学员接受和认可。

四、创业培训课程设计步骤

1. 分析培训课程

分析培训课程是设计培训课程的前提和基础。创业指导师要面对的培训对象包括创业者、企业的管理人员、企业的培训人员、咨询项目小组成员或咨询项目的实施人员等，他们各自的需求不同。创业指导师需要通过分析确定三个方面的信息：第一，培训对象当前的能力水平；第二，培训对象要通过培训达到的能力水平；第三，通过什么知识和技能的补充能够弥补前两个方面的差距。创业指导师可以从三个层面进行分析：一是培训对象分析，收集有关培训对象工作能力的基本信息，然后与预期的能力水平进行比较，确定培训需求；二是工作任务分析，研究培训对象的工作岗位和职责，分析完成该工作所需的知识、技能和态度，确定培训课程内容；三是培训环境分析，确定开展培训的具体条件和环境，选择实施方式，并判断实施培训课程所需的保障工作和措施。

2. 确定课程目标

确定课程目标是设计培训课程的重点和难点，是确定培训课程内容的重要依据，也是培训效果监督评估的重要指标。课程目标应提前展望培训结果，为培训课程确定方向，科学严谨的课程目标可以有效指导课程内容的选择。

设计创业培训课程应确定以下三个层次的课程目标：

（1）知识目标，即明确学员在培训结束后应掌握的理论知识和专业概念，如创业的基本流程、市场调研方法、商业模式设计原则等。知识目标应具体、可衡量，可以通过考试、作业或小组讨论等方式进行检验。

（2）技能目标，即确定学员在培训结束后应具备的实际操作能力，如撰写商业计划书、进行有效的市场推广、管理团队和财务等。技能目标要具有可操作性和可评估性，可以通过实际项目演练、模拟创业竞赛等方式进行考核。

（3）态度目标，即培养学员积极的创业态度和价值观，如勇于创新、敢于冒险、坚持不懈、承担责任等，可以通过成功创业者的案例分享等激发学员的创业热情和信心。态度目标可以通过小组讨论、反思活动和导师指导等方式进行引导和培养。

确定课程目标后，创业指导师可以通过内部审核（邀请资深创业指导师、行业专家或客户企业培训部门的负责人对课程目标进行审核，听取他们的意见和建议）、学员反馈（课程实施前或实施过程中通过问卷调查、小组讨论或个别访谈等方式收集学员反馈意见，了解他们对课程目标的理解和接受程度）、持续改进（课程结束后对课程目标的达成情况进行评估和总结，分析目标达成的原因和存在的问题，为今后的课程设计提供经验教训）等方式对课程目标进行审核和调整，持续改进课程目标，确保课程目标的合理性、有效性、可行性，使其不断适应组织和学员的发展需求。

3. 设计课程内容

设计课程内容是创业培训课程设计的核心环节，创业指导师可以借助"培训设计的五线谱"模式来完成，根据贯穿培训过程的时间线、内容线、方法线、情绪线和辅助线等重要线索进行设计。

（1）培训时间线是指培训课程时间推进的线索，明确实施每个阶段课程内容的时间。培训时间的分配和掌控会对培训实际效果产生直接影响。所以，创业指导师设计时间线时，要确保每个阶段的培训活动能够准时开始、按时结束，这不仅需要合理分配各阶段课程内容的时间，还需要对培训过程中可能发生的突发事件和问题进行预判。

（2）培训内容线是指以课程的导入顺序为线索，确定每个阶段的培训主题和内容。以操作性和实用性为导向，合理安排和组合课程内容，对培训效果具有至关重要的作用。

1）内容线的设计原则。

①适度性，即课程内容要适合学员的接受能力，不要超出培训目标和培训需求的范围。

②渐进性，即课程内容要做到循序渐进，合理安排各主题和模块的次序，以符合大多数学员由简到繁、由易到难的学习习惯。

③连续性。强调培训各环节的有机结合，相互照应，不脱节，保持培训内容的流畅和完整。

④逻辑性。培训主题和主题、模块和模块之间的关系不能牵强附会，它们应

该是一个完整的整体，并且相互之间有清晰的逻辑关系，以确保学员能够准确接受和理解培训内容。

⑤均衡性。各培训内容的比重分配应得当，既能突出重点，又不会厚此薄彼。

2）内容线的设计方式。

①逻辑学的方式。即根据合乎目标的具体规则与规律来编排内容，将培训内容设计成目标是什么、要做什么，为什么这么做，怎么做等逻辑顺序，如图1-5所示。

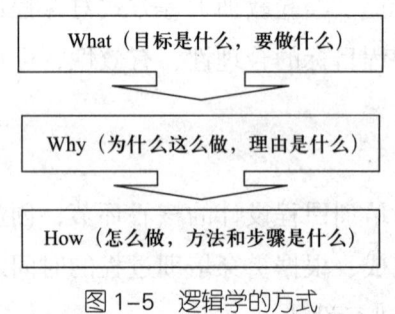

图1-5　逻辑学的方式

②心理学的方式。即先接触具体内容，再接触抽象内容，将培训内容设计成情况分析、选择、理论总结等逻辑顺序，如图1-6所示。

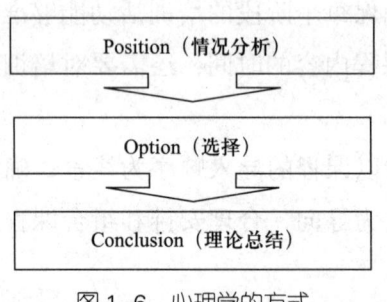

图1-6　心理学的方式

（3）培训方法线是指培训过程中传递培训信息的方法和手段，按照培训时间线排列。创业指导师可以参考科尔伯学习风格理论确定学员的学习风格，并以学员的学习风格为中心，选择和应用不同的培训方法，可以应用一种方法，也可以几种方法交替或者结合应用。

（4）培训情绪线反映了学员的情绪状态，是学员在培训学习过程中情绪的反应曲线。事实证明，学员的情绪和精神状态对实现培训效果具有重要作用。这就要求创业指导师：一方面，设计培训阶段时要充分考虑学员的情绪变化，对学员在培训各阶段的情绪反应进行预见性设计；另一方面，在培训过程中要积极有效地调动和掌控学员的情绪。

（5）培训辅助线是指培训各阶段所需的设备设施、课件和教具等。培训辅助线要明确培训过程中的细节要点，例如，利用有趣生动的图片来提醒培训纪律，使学员更容易接受。

4. 编写课程讲义

编写课程讲义是设计培训课程的一个重要环节，课程讲义能够有效辅助学员学习、预习和复习课程，提高学习效率。

课程讲义编写要点主要包括明确培训目标、内容组织结构化、内容的准确性和全面性、语言表达的精练与易懂、视觉辅助材料的运用、互动元素的融入、重点与难点的强调、复习与总结、技术与格式的适用性等。具体内容在"职业模块4　培训课程1　学习单元2　编写培训讲义"中详述。

5. 编写培训教案

培训教案是在全面、客观的培训需求分析基础上作出的对培训目标，时间、地点和场所，材料和设备，培训主体，培训内容、培训方式和方法，监督和评估以及所需经费等的预先系统设定。编写创业培训教案具体要求可以参考《创业指导师（三级）》教材中有关内容。

学习单元3　准备创业培训课程

一、制订创业培训课程大纲

1. 课程大纲的主要内容

课程大纲为整个课程提供了结构化和指导性的框架，一份完整的课程大纲通常包含以下内容。

（1）培训目标。

1）知识目标：学员应掌握的关键概念、原理、理论知识。

2）技能目标：学员应发展的特定技能、操作能力或实践技巧。

3）态度/意识目标：期望学员形成的价值观、态度或兴趣，如团队合作精神、批判性思维习惯等。

（2）培训内容。

1）课程单元：将课程内容划分为逻辑相连的单元，每个单元包含特定主题。

2）核心概念：列出课程中需要掌握的核心理论、定义和原则。

3）培训要点：针对每个主题或章节，明确应实现的学习效果。

（3）培训方法与手段。

1）介绍授课方式（讲授、讨论、案例分析、头脑风暴等）。

2）说明如何利用多媒体、网络资源或其他教学辅助工具。

（4）培训评估。

1）形成性评估：如课堂问答、小测验等，用于了解培训效果，及时调整培训内容等。

2）总结性评估：培训结束时对学员完成的创业计划书、企业改善行动计划等进行评估，了解学员的学习效果。

3）自我评估与同伴评价：鼓励学员自我反思，或学员间相互评价学习表现。

4）评估标准和权重：明确各项评估活动在总评中的比重和评分标准。

（5）培训资源。

1）教材与参考书籍：推荐的教材、补充阅读材料等。

2）电子资源：在线课程平台、电子图书、数据库访问权限等。

3）多媒体材料：视频、音频、幻灯片、图表等辅助教学的材料。

4）实践资源：实践基地/园区、软件工具等。

2. 制订课程大纲的注意事项

（1）围绕主题和目标。

1）明确课程定位：清晰界定课程在培训体系中的位置和作用，确保课程大纲内容紧密围绕课程核心主题和目标。

2）目标导向：所有的培训内容、活动和评估都应直接服务于预先设定的培训目标，确保培训成果与目标高度匹配。

3）主题集中：避免内容过于宽泛，每个单元均应聚焦一两个核心主题深入挖掘而非浅尝辄止。

（2）设计提纲框架。

1）逻辑清晰：课程大纲应按逻辑顺序构建，从基本概念逐步过渡到高级应用或综合分析，确保学员能够循序渐进地学习。

2）模块化设计：将课程内容划分为若干模块和单元，每个模块和单元应有明确的学习目标、核心内容和评估方式。

3）平衡分配：合理安排每部分内容的培训时间，确保重要主题得到充分覆盖，同时避免某些部分过度扩展而挤占其他内容的空间。

（3）不断完善整合。

1）持续修订：在课程开发初期就应着手制订课程大纲，但要保持开放性，以便根据课程试讲反馈、市场发展动态或学员需求不断调整优化。

2）资源整合：整合培训资源，包括教材、参考文献、在线资源、实践案例等，确保资源丰富且与课程内容紧密相关。

3）技术融合：考虑如何有效利用教育技术工具和平台来增强教学互动，提供个性化学习路径。

4）跨专业融合：适当情况下探索与其他课程的交叉融合，如将人工智能和企业管理交叉融合等，拓宽学员的视野，促进综合性思维能力的培养。

二、编写创业培训课程讲义

创业指导师编写创业培训课程讲义旨在为学员提供结构化、高效的知识传递工具。

1. 编写要点

（1）明确培训目标。应明确列出每节课的培训目标，这些目标应当具体、可衡量，并与课程总体目标相一致，帮助学员了解学习方向和重点。

（2）内容组织结构化。

1）逻辑清晰：按照知识的内在逻辑和难易程度安排内容，通常从基础知识引入，逐渐过渡到复杂概念。

2）模块划分：将讲义内容划分为若干逻辑单元，每部分聚焦一个核心概念或技能。

（3）内容的准确性和全面性。

1）确保所培训的信息、数据、事实准确无误。

2）覆盖课程大纲中的所有关键知识点，既有广度又有深度，且注意区分主次。

（4）语言表达的精练与易懂。

1）尽可能使用简洁明了、易于理解的语言，避免使用行业术语或复杂句式，必要时需做解释。

2）尽可能采用主动语态，增强直接性和可读性。

（5）视觉辅助材料的运用。

1）图表与图像：适当使用图表、图解、照片等视觉元素，帮助解释复杂概念，提高信息吸收效率。

2）色彩与布局：合理运用颜色和版式设计，增强视觉吸引力，同时须保证页面整洁、不杂乱。

（6）互动元素的融入。

1）提出问题或讨论点，鼓励学员主动思考和参与，增强课堂互动性。

2）设计一些小组活动或案例分析，促进知识的应用和深化理解。

（7）重点与难点的强调。

1）通过加粗、斜体、颜色高亮或编号列表等方式突出重点与难点。

2）对于较难理解的概念，应提供额外的解释、例子或推荐阅读材料。

（8）复习与总结。

1）每个单元的末尾应提供总结，回顾本单元要点，帮助学员巩固记忆。

2）提供复习题或小测验，检验学员学习成效。

（9）技术与格式的适用性。

1）确保讲义适合不同媒介传播，如打印版、电子版或在线平台，考虑兼容性和可访问性。

2）使用通用的文件格式，确保所有学员都能顺利打开和阅读。

2. 注意事项

（1）留足思考空间。课程讲义与培训教案不同的是，很多课程中的要点、问题、观点需要通过留白、问题等形式展现给学员，目的是给学员留足思考空间，使其能够充分参与到学习过程中，随时利用讲义检验对课程的理解和记忆。

（2）结合实践练习。根据成人学习的特点，在课程讲义中设置实践练习环节，实践练习的内容既可以是书面的练习题目，也可以是培训课后的实操演练。

（3）形式灵活多样。随着现代化教学手段和设备在培训课程中的深入应用，课程讲义不应再拘泥于书面成册的形式。例如，可以将课程讲义做成活页的形式，根据课程的进度和教学需要分发，课程结束时再集合形成完整的课程讲义。活页形式特别适合采用案例分析、讨论、模拟练习等培训方法的课程。再如，将课程讲义做成音频、视频等形式，加深学员对培训课程的认知和理解，优化培训效果。

三、创业培训课程的说课和示范课展示

1. 说课要点

创业培训课程说课是创业指导师介绍创业培训课程目标、内容、结构及培训方法的过程,旨在与其他创业指导师一起学习研讨创业培训课程,不断完善课程内容、方法,提升培训技巧等。

(1)课程引入。

1)背景说明:简述课程设立的背景,包括市场需求、行业趋势或政策导向等。

2)课程目标:明确培训的最终目标,包括知识、技能、态度/意识等方面的具体期望。

(2)课程内容概览。

1)模块划分:介绍课程的结构,按主题或阶段划分出各个模块或单元。

2)核心知识点:概述每个模块的核心内容和关键知识点,让学员对即将学习的内容有一个大致了解。

(3)培训方法与策略。

1)培训方式:说明将采用的培训方法,如讲授法、讨论法、案例分析法、角色法、扮演法、实操演练法等。

2)互动环节:强调课程中的互动性,说明如何促进学员间的交流与合作。

3)技术工具:提及使用的教学辅助工具和技术平台,如在线学习管理系统、互动软件等。

(4)培训资源与支持。

1)教材与参考资料:列出推荐的阅读材料、在线资源或工具书。

2)辅导与反馈:说明如何获取辅导帮助以及反馈机制,如定期评估、一对一会谈等。

(5)评估与考核。

1)评价标准:清晰阐述评估学员学习成效的标准,包括考试、作业、项目作业、参与度等。

2)成绩构成:说明最终成绩或评价结果的计算方式,以及各项评估任务的权重。

(6)时间安排与进度。

1)课程日历:概述课程时间表,包括重要活动开始和结束时间等。

2）学习路径：展示学习进度，说明学员如何从基础到进阶逐步深入。

（7）学习期望与纪律要求。

1）学员角色：说明学员在学习过程中的角色和责任，鼓励学员主动学习。

2）纪律规范：强调课堂纪律、出勤要求、作业提交规则等。

（8）激励与动机激发。

1）学习成果展示：介绍学习成果的展示方式，如项目展示、成果报告会等。

2）成功案例分享：分享往期学员创业成功故事或行业内的相关案例，激发学员的学习动机。

通过以上要点的细致讲解，创业指导师的说课不仅能够帮助学员建立对课程的全面认知，还能够激发他们的学习兴趣和参与度，为后续学习奠定良好的基础。

2. 示范课展示要点

创业培训课程示范课展示是展示教学设计、教学技巧和学习效果的重要环节，旨在为其他创业指导师提供可借鉴的实践经验。成功的示范课展示应关注以下几个要点。

（1）明确教学目标。示范课开始前清晰阐述本次课程的教学目标，让观察者理解课程旨在达成的具体知识、技能或态度/意识改变。

（2）课程内容精选。展示的内容应当是经过精心挑选的，既体现课程的核心价值，又能激发学员的兴趣，确保内容精练、实用且符合学员需求。

（3）多样化培训方法。运用多样化的培训方法，如讲授法、讨论法、小组合作法、案例分析法、角色扮演法、互动问答法等，以适应学员不同的学习风格，提高参与度和互动性。

（4）技术与资源有效整合。恰当融入多媒体和其他技术支持（如课件、视频、互动软件等），使教学内容更加生动直观，同时展示如何有效利用教学资源。

（5）以学员为中心。示范课应体现以学员为中心的理念，鼓励自主学习和批判性思维，通过提问、讨论等方式引导学员主动探索和解决问题。

（6）评估与反馈。示范如何在课程中实施形成性和总结性评估，展示如何给予即时反馈，以及如何通过评估促进学员的进步和课程的调整。

（7）课堂管理。展示有效的课堂管理技巧，包括时间控制、维持课堂秩序、激发学员兴趣等，确保教学活动有序、高效。

（8）示范反思性教学。示范课结束后进行反思总结，探讨哪些地方做得好，哪些地方可以改进，根据学员的反馈和表现及时调整教学策略。

通过以上要点的综合运用，示范课不仅能展示创业指导师的培训技术，还能促进同行之间的学习与交流，共同提升培训质量。

培训课程 2

创业培训教学实施

学习单元1　企业发展阶段的培训重点

企业发展阶段培训旨在为企业从初创走向快速成长铺设道路，确保企业能够稳固基础、明确方向、强化能力并规避风险。

一、企业发展阶段培训课程内容

1. 企业愿景的制定与共识构建

（1）企业愿景的制定方法。

（2）明确企业的核心价值观和发展方向，为员工提供清晰的职业规划。

此内容培训应聚焦帮助企业团队深刻理解企业愿景的内涵，通过愿景沟通工作坊、战略研讨会等形式，促进团队对企业长远目标达成共识，激发员工的使命感和参与感。

2. 企业战略规划与执行能力提升

（1）培训内容应涵盖市场分析、竞争战略、SWOT分析、战略制定流程与工具等，强化管理团队的战略思维能力。

（2）培训战略解码与执行技巧，确保战略能够得到有效分解并落地实施。

3. 企业品牌初期定位与传播策略

（1）通过品牌建设工作坊、市场营销策略培训，帮助企业明确品牌定位，学习品牌故事讲述、视觉识别系统（Visual Identity，VI）设计、数字营销渠道选择与内容创作等，为品牌初期的市场推广打下基础。

（2）了解品牌的基本概念、塑造流程和方法，提升品牌意识。

（3）培训如何在营销手段、产品质量和企业文化等方面打造独特品牌。

（4）强调企业形象宣传、客户服务等方面的工作，增强企业品牌的社会影响力和市场竞争力。

4. 企业核心竞争力识别与培育

（1）学会分析企业在行业中的竞争优势和劣势，找到提升核心竞争力的重要途径。

（2）识别企业现有及潜在的核心竞争力，培训课程内容包括技术创新、产品差异化、服务优化、供应链管理、人才发展战略等，通过案例分析、最佳实践分享，推动企业内部的知识转移与能力升级。

5. 企业组织结构与文化的初步构建

（1）强化组织设计原理、团队协作、领导力发展等方面的培训。

（2）通过企业文化工作坊、价值观共创活动，塑造积极正向的企业文化，确保组织结构与文化共同支撑企业的快速发展。

（3）学习如何帮助员工明确企业文化的发展方向和具体实践方法。

6. 企业风险管理与内部控制

（1）培训企业发展阶段可能遇到的风险种类（如市场风险、财务风险、运营风险等），及风险评估、应急预案制定、合规性管理等方法，建立风险预警机制，提高企业的抗风险能力。

（2）培训企业发展潜在风险的分析和识别方法，提升员工的警惕性和防范意识，指导员工了解制定和实施风险防范措施以及加强风险预警机制建设等内容，确保企业能够及时应对各种风险问题，保障企业的稳定发展。

创业指导师通过培训上述内容，可以帮助企业为即将到来的发展阶段做好充分准备，确保企业在成长过程中保持战略清晰、团队凝聚力强、品牌影响力大、竞争力突出、组织健康且风险可控。

二、企业发展阶段培训注意事项

1. 了解培训对象及其企业的实际情况

（1）背景调研：培训设计前通过问卷调查、面对面访谈或数据分析等方式深入了解学员的知识水平、技能缺口、工作挑战及个人学习需求，同时掌握企业战略方向、文化氛围和业务重点。

（2）定制方案：基于调研结果，量身定制培训内容和方式，确保与学员及其所在企业的实际需求紧密相连，避免"万金油"式的通用课程。

2. 提高培训效果转化效率

（1）理论与实践结合：设计包含理论讲解、案例分析、实操练习和反馈总结等多环节的培训流程，确保学员能够在实践中学习和验证知识，促进知识向技能的转化。

（2）后续支持：提供培训后的一对一辅导、在线资源服务、社群互助等持续学习的机会，帮助学员在企业经营管理中持续应用新技能，有效解决实际问题。

3. 关注培训对象的多维度需求

（1）多元化培训内容：除专业技能外，还需关注情绪智力、领导力、创新思维、跨文化交流等软技能的培养，帮助学员适应企业的多元化要求。

（2）个性化学习路径：针对学员学习习惯、所在企业发展阶段和目标等差异，提供个性化学习计划，支持进度自控、学习路径建议等功能，增强学员学习的主动性和有效性。

（3）包容性与多样性：确保培训内容、方式和环境对所有学员友好，尊重并利用团队的多样性，促进不同背景、性别、年龄和能力的学员相互学习和启发。

综上，深入理解培训对象及其企业背景，优化培训成果转化机制，以及满足多维度学习需求，是提升培训效果、促进学员个人成长和组织发展的关键。

学习单元2　应用培训授课技巧

一、培训中语言技巧的应用

1. 语言表达的技巧

将培训课程的信息通过语言的形式表达出来，传递给学员，这应该是创业指导师开展培训工作最基本的要求。但是，同样的话出自不同人之口，达到的信息传递效果却不尽相同，这时语言表达的技巧就起到了重要作用。语言表达的技巧主要包括音量控制、音调变化、节奏调节、适当停顿、发音准确和规避口头语。

（1）音量控制。即声音的强弱、大小程度。这是语言表达的前提条件。音量大小要在保证所有学员都能够听到的前提下，根据课堂气氛和培训内容确定。例如，陈述性内容的表达宜使用中等音量（约60分贝），而表达需要调动学员积极性、提高注意力、具有强烈感情色彩的内容时宜使用更大的音量（75~80分贝）。此外，音量大小还受创业指导师与学员的距离、培训场所的大小和环境等因素影响。

（2）音调变化。即语言表达时语调和音阶的变化。音调运用的核心技巧就是变化。通常人们所说的抑扬顿挫就是用来形容音调的。同样一句话，如果使用不同的语调表达，传递的意思会千差万别。所以，创业指导师在培训过程中要善于运用音调的抑扬来传递情感层次，避免平铺直叙。

（3）节奏调节。即调节语速的快慢程度。与音量和音调一样，节奏的变化对于语言表达也是非常重要的。在课程中，如果学员听到的是一个没有节奏变化的声音，就会像听摇篮曲一样，很快就会昏昏欲睡。一般来说，语言表达的节奏不宜过快也不宜过慢。创业指导师陈述内容时平均语速以150字/分钟为宜，在强调重点或者调节气氛时应变化语速，通过急缓对比来突出重点。

（4）适当停顿。停顿是对语言节奏的特殊处理，是一种语言间隔，主要包括语法停顿、逻辑停顿和心理停顿三种。

1）语法停顿。即按照语法要求进行的语言间隔。就停顿时间而言，段落停顿＞层次停顿＞句间停顿。就句间停顿的时间而言，句号（包括问号、感叹号）停顿＞分号停顿＞冒号停顿＞逗号停顿＞顿号停顿。

2）逻辑停顿。即由内容的逻辑关系产生的语言间隔，常用在表达内容之间因果、并列、递进等关系时，目的是强化内容关联，提示学员注意某种逻辑的存在。

3）心理停顿。不同于语言或者逻辑停顿，心理停顿遵循心理活动的需要。创业培训师授课过程中的心理停顿是其"心理语言"的体现和活化，有助于：激发学员情绪，引起情感的共鸣；给学员留出整理思路、体会情感的时间；体现暗示和设想的作用，诱导学员思考；吸引学员注意，诱发学员好奇心，调动学员积极性。

（5）发音准确。创业指导师在语言表达过程中要避免吞音，如"答案"（dá'àn）勿读作"蛋"（dàn）。

（6）规避口头语。过多的口头语会扰乱学员的注意力和听课的连贯性，进而影响培训效果。创业指导师在授课过程中要注意，避免过度使用"嗯""那么""对吧"等无意义的口头语。

2. 提问的技巧

提问是利用语言与学员互动的最有效方式，但并非所有问题都是学员接受和感兴趣的，这与提问者提出问题的方式和技巧有很大关系。

（1）问题的类型

1）封闭型问题。答案已经被限定，主要用于澄清问题、梳理思路、控制方向。

2）开放性问题。答案没有被限定，也没有统一标准，主要用于引导学员讨论，创造开放的学习气氛并了解学员的想法。

3）整体性问题。面向全体学员提出，每位学员都可以回答。整体性问题的作用在于把回答问题的权利转移给每位学员，激发每位学员的参与性，鼓励他们去思考。可以用于展开话题，让每位学员都有发言的机会；或者用于对某个问题的探讨，以便短时间内获得学员不同的意见和评论。

4）针对性问题。指定对象回答问题。创业指导师可以有选择地控制提问，鼓励沉默者参与课程，提醒分神或跑题的学员及时回到培训中。

（2）提问的原则

1）问题表述要清晰准确，不能含糊不清、模棱两可。

2）问题要具有启发性，避免让学员产生挫败感。

3）问题符合学员认知水平和课程速度，是学员可以回答并且能够回答的。

4）问题要与培训的主题和内容相关。

5）提问不要涉及学员隐私或者敏感话题。

6）提问可以结合一些小游戏等互动形式，提升趣味性和吸引力。

二、培训中非语言技巧的应用

这里所说的非语言包括姿势、手势、目光、表情等。创业指导师在掌握语言技巧的同时，也要掌握非语言技巧。

1. 姿势

创业指导师在培训授课过程中应挺胸抬头，不塌腰驼背。这样做，既有利于手势、目光等其他非语言技巧的展示，也有助于音量的提升和音调的变化。特别需要注意的是，要避免叉腿、抖动身体、背手或是插口袋等，以免给学员有不被尊重之感。

2. 手势

创业指导师在培训中常用以下四种手势。

（1）指示手势。指明培训中叙述的人或事物的数量和运动方向，如图1-7所示。动作简单明了，表意单一，能够起到很好的示意性作用。

图 1-7　指示手势

（2）象形手势。具体模拟人或事物的态势和形状，给学员一个具体、直观的印象。例如，描述某产品形状时，可以运用象形手势展示产品大小，如图 1-8 所示。

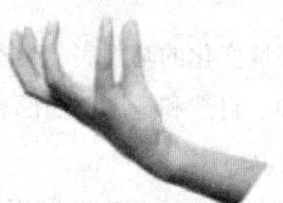

图 1-8　象形手势

（3）象征手势。主要表达抽象的概念。象征手势与象形手势最大的区别就是，其表述的是抽象而非具体的事物。例如，创业指导师在提醒创业者不应该忽略生产流程中的小事情时，就可以用一只手的拇指和食指相距很近的方式展示，这就是典型的象征手势，如图 1-9 所示。

图 1-9　象征手势

（4）情意手势。辅助表达内心情感。例如，创业指导师握拳并竖起大拇指表达对学员的认可，如图 1-10 所示。

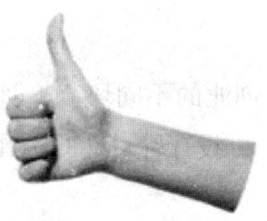

图 1-10　情意手势

3. 目光

通过目光交流，创业指导师可以传递赞赏、鼓励和期待的情感，也可以表达暗示、制止的信息。同时，利用目光交流，创业指导师也可以从学员那里获得他们对课程认可、不满、疑惑等有价值的信息。所以，创业指导师在培训过程中要尽可能地与每位学员进行目光交流，但要注意，不能将目光长时间集中在一个点上，一般情况下，每次与学员有3~5秒钟的目光接触较妥。

4. 表情

一个人的面部表情是其心情变化的晴雨表，会不同程度地影响周围人的情绪。创业指导师的表情要做到温和、自然和适度，面部表情既要结合培训内容的变化，也要配合姿势、手势和目光加以运用。

综上，创业指导师在培训过程中要想有效利用授课技巧提升培训效果，既要利用如音量、音调、节奏、停顿以及提问等语言技巧的相互配合，也要综合运用如姿势、手势、目光和表情等非语言技巧，使语言和非语言之间能够有机结合、相互推动，最终达到最佳的授课效果。

学习单元3　设计制作创业培训教具

培训过程中，学员面对大量的定义、意义、数据等抽象内容，即使创业指导师的表达技巧和培训方法非常精妙，学员可能还是难以理解和记住太多的培训内容，这就需要将培训要点视觉化，通过有效和正确使用教具，使学员的注意力更加集中，使创业指导师讲授的内容更具说服力、所传递的信息更有效，强化学员的记忆和理解。

一、设计制作创业培训教具的原则

1. 目的性原则

（1）明确创业目标。区分创业的不同环节（创意生成、市场验证、商业模式构建、融资策略、团队管理等），设计针对性的教具，帮助创业者解决各环节的核心问题。

（2）强化实践导向。确保教具设计紧密联系创业实际，如创业计划模板、商业模式画布、客户访谈指南等，直接支持创业者制订和实施创业计划。

2. 实用性原则

（1）模拟创业场景。尝试开发模拟经营、财务预测、市场分析等方面教具，让创业者在无真实财务风险的环境中实践决策，增强其应对真实商业挑战的能力。

（2）易于获取和应用。除线下培训教具外，还可以提供易于下载、在线互动或便携式的教具，方便创业者随时随地学习和使用，如在线测评表、速查手册等。

3. 个性化原则

（1）适应不同创业领域。设计可定制的教具，满足科技、服务、消费品等不同领域创业项目的特定需求。

（2）考虑创业者的起点。针对初次创业者和有经验创业者设计从基础概念到高级策略的不同层次的教具，以满足不同背景创业者的个性化学习路径。

4. 创新性原则

（1）引入前沿思维。融入最新的创业理论、技术趋势和成功案例，如精益创业、设计思维、人工智能应用等，激发创业者的创新思维。

（2）互动式学习。利用虚拟现实、在线协作平台等创新技术，创建互动性强的学习环境，让创业者在模拟的商业环境中学习和迭代。

5. 可持续性原则

（1）构建生态系统。设计的教具不仅限于单次使用，而是能够融入一个持续学习和支持的生态系统，如创业社群、导师网络、资源库等，支持创业者长期发展。

（2）反馈与迭代。建立收集创业者和导师反馈的机制，定期评估教具的应用效果，根据反馈对教具进行优化升级，确保教具内容和形式持续有效。

二、设计制作培训教具的步骤

设计制作培训教具是一个细致且具有目标导向的过程，旨在确保教具能够有效支持培训目标，助力提升学习体验和培训效果。

1. 确定培训目标

（1）调研需求。深入了解创业者的需求和当前市场趋势，包括他们面临的挑战、学习偏好及期望达到的具体能力提升点。

（2）分析需求。明确培训课程的核心目标和创业者的学习需求，包括需要掌握的知识点、技能或态度/意识改变。

（3）细化目标。清晰界定培训课程的具体目标，如理解商业模式、掌握市场分析技巧、提高融资路演能力等。将课程目标分解为具体的、可衡量的小目标，确保教具设计能直接支持这些目标的实现。

2. 确定使用场景

（1）考虑环境。分析培训将如何进行，是线下、线上，还是采用混合模式，确定教具需要适应的物理或虚拟环境。

（2）学员画像。了解学员特征，如年龄、背景、技术水平等，确保教具设计贴近他们的学习习惯和偏好。

（3）选择形式。根据培训内容和学员特点决定教具的最佳形式，如实物模型、电子课件、互动软件、游戏化工具等。

（4）设定场景。为每个教学环节设计合适的使用场景，例如，小组讨论时使用角色扮演卡片、在线课程配套互动问答平台等。

3. 制作培训教具

（1）创意构思。依据培训目标和使用场景，构思教具的形式和内容，可以是实体材料（模型、卡片、手册等）、数字工具（在线模拟游戏、App 等），也可以是多媒体资料（视频教程、音频讲座等）。

（2）原型制作。设计初稿，制作教具原型。制作实体教具，需要提前完成草图、样品制作，设计数字工具则需提前完成编程和界面设计。

（3）内容填充。确保教具内容准确、精练且符合教学目的。

（4）制作成品。在原型基础上完成教具的最终制作，确保材质、工艺符合使用要求和预期效果。

4. 对教具进行测试

（1）小规模试用。在小范围内进行初步测试，选择部分学员或模拟用户参与。

（2）评估反馈。通过问卷、访谈、观察等方式收集数据，评估教具的实用性、易用性、学习效果等。

（3）修改调整。根据试用反馈，对教具进行必要的修改和优化。

5. 应用和完善教具

（1）正式应用。根据试用反馈修改调整后，将教具应用于实际培训中，注意监测其实际应用效果。

（2）持续迭代。培训过程中继续收集反馈，对教具进行必要的更新和优化，确保其始终保持与创业环境变化同步，提升教学的有效性和吸引力。

培训课程 3 创业培训效果评估

创业培训效果评估是提升培训效果、优化培训过程、保障培训质量和促进创业成功的重要手段，对创业指导师和创业者具有深远意义。创业培训效果评估方案是确保培训活动达成预期目标并持续改进质量的系统性计划，可以帮助创业指导师科学高效地进行创业培训效果评估工作。

学习单元1 制订创业培训效果评估方案

一、创业培训效果评估方案的内容

1. 评估目标与目的

（1）明确评估旨在达成的具体目标，如提升学员知识水平、技能熟练度、工作态度转变或业绩增长等。

（2）确定评估目的，包括验证培训需求匹配度、衡量培训效果、识别改进方向等。

2. 评估人员

（1）确定负责评估的团队，包括内部专家、外部顾问等。

（2）明确评估对象，包括所有学员或抽样的学员，抽样时要考虑分层抽样以确保样本的代表性。

3. 评估流程

（1）制订评估计划。基于培训目标制订评估计划，包括评估周期、方法、工具等。

（2）数据收集。采用问卷、访谈、测试、观察、案例研究等多维度方法收集评估数据。

（3）数据分析。对收集的数据进行整理、统计、分析，识别关键数据。

（4）撰写报告。总结评估结果，提出改进建议。

（5）反馈与沟通。向学员及管理方反馈评估结果，并讨论后续行动计划。

（6）持续改进。根据评估反馈调整培训计划，优化培训内容和方法等。

4. 评估时间与地点

（1）时间安排。规划评估的时间表，包括培训前、中、后不同阶段的评估时间。

（2）地点选择。确定数据收集和评估活动的地点，可结合线上平台、线下教室或实际创业场景等灵活设置。

5. 评估方法和标准

（1）评估方法。选择合适的评估工具和手段，可以考虑柯氏四级评估模型，从反应、学习、行为、结果四个层次实施评估。

（2）评估标准。设定具体、可量化的评估指标和评分标准，确保评估的客观性和一致性。

6. 资源与预算

预估评估所需的资源，包括人力、物力和资金等，制订相应的预算计划。

7. 反馈与应用机制

（1）建立反馈机制，确保评估结果能及时反馈给所有相关方。

（2）将评估结果作为培训项目调整、师资提升、课程改进的依据。

二、制订创业培训效果评估方案的注意事项

制订创业培训效果评估方案时需要细致考虑多方面因素，确保评估的全面性、有效性和实用性。

1. 培训的变化性因素

（1）环境适应性。关注市场环境、政策变化等对创业培训内容的影响。

（2）动态调整。评估方案应灵活，能够根据培训过程中出现的新需求或新挑战适时调整。

2. 培训的重要性因素

（1）目标对齐。确保评估重点与企业战略、创业项目需求紧密结合，突出培训的核心价值。

（2）关键技能衡量。识别并优先评估那些对创业成功至关重要的技能和知识领域。

3. 培训的范围性因素

（1）全面覆盖。评估方案应覆盖培训所有关键环节，包括理论学习、实践操作、资源对接等。

（2）个性化需求。适当考虑不同背景学员个性化学习成果的差异性。

4. 培训的目标性因素

（1）遵循 SMART 原则。确保培训目标是具体的（Specific）、可衡量的（Measurable）、可实现的（Achievable）、相关的（Relevant）、有时限的（Timebound），并据此设计评估指标。

（2）长期影响。既要评估即时效果，也要考虑培训对创业者长期发展、企业成长的潜在影响。

5. 评估人员的素质要求

（1）专业能力。评估人员应具备相应的专业知识、评估技能和行业经验。

（2）客观公正。评估人员应保持客观立场，避免主观偏见，确保评估结果的公正性。

6. 评估的成本效益及时间因素

（1）成本效益分析。对比评估投入的成本（包括人力、物力、资金等）与预期收益，确保成本效益最大化。

（2）时间管理。合理规划安排评估各阶段的时间，确保评估过程高效，不干扰培训进度。

（3）持续性考量。评估不应是一次性活动，应考虑建立长效评估机制，持续跟踪培训效果，适时调整评估策略。

综上，创业指导师制订创业培训效果评估方案时，要综合考虑内外部环境变化、培训目标与内容的适配性、评估的全面性与精确性、团队的专业性，以及资源的合理配置等，以确保评估方案的有效实施。

学习单元 2　设计创业培训效果评估工具

一、设计创业培训效果评估工具的步骤

创业培训效果评估工具设计是一个逻辑过程，如果设计不合理就会直接影响

培训评估的效果。设计创业培训效果评估工具一般遵循以下步骤。

1. 确定需要的信息

创业指导师可以从培训的组织管理、培训内容、师资和学员等角度出发确定评估的内容范围。

2. 选择问题类型

根据评估的目的选择不同的问题类型，包括：

（1）开放性问题。不限定答案，为答题者提供自由发挥的空间。

（2）复选性问题。提供可选择的一系列项目，答题者可以选择符合自身情况的多个选项。

（3）是非性问题。问题答案仅有"是""否"两种情况，供答题者选择。

（4）等级性问题。提供多个等级的评定项目，由答题者进行选择。

创业指导师可根据所需数据情况，选择单个问题类型或组合使用多个问题类型。

3. 拟定调查问题

根据所需信息和问题类型拟定和编制各种项目问题。表述项目问题应该遵循简单、清楚、容易理解的原则，避免用词含糊不清，表意模棱两可。拟定问题时，创业指导师还要考虑工具使用对象的能力和水平。此外，问题的数量宜控制在25题左右，避免因问题数量少影响数据采集的全面性，或因问题数量多造成回答率不高。总之，问题数量和类型都以确保信息的信度和效度为基本原则。

4. 编排问题顺序

在拟定问题后，就需要对问题的顺序进行合理的编排。问题的顺序编排不当，也会影响工具的使用效果。编排问题顺序主要依据答题者的习惯，一般规律是，由简单到复杂，封闭式问题（是非性问题、等级性问题、复选性问题等）在前，开放性问题置后，开放性问题数量不宜过多。

5. 对工具进行测试

在正式使用评估工具前，还需要对其进行测试，以检验其实用性。工具测试对象应来自潜在的答题者群体，这样更能准确地验证工具使用效果。

6. 编制最终工具

根据测试结果对评估工具进行相应调整优化，以期发挥评估工具的最大效用。

二、设计创业培训效果评估工具的注意事项

1. 目标导向

创业指导师设计创业培训效果评估工具时,要先将培训目标分解成若干个子目标,然后再根据这些子目标设计出相应的评估题目。

2. 内容有效

创业指导师设计创业培训效果评估工具时,要认真考虑并衡量工具中每个题目的作用及其实效性和操作性,剔除冗余问题。

3. 客观可靠

创业指导师设计创业培训效果评估工具时要客观中立,不能主观臆断,不能在题目中体现个人观点或者表现出对某些方面的倾向,以免误导培训对象,失去评估的科学性、客观性。

4. 简明扼要

设计的创业培训效果评估工具要与培训对象的经验和习惯相符,尽可能使工具格式简单易行、题目简洁明了,便于培训对象正确理解和填写,提高工具的填写率和回收率。

 **典型案例**

设计创业培训效果评估问卷

TG创业咨询服务机构创业指导师赵老师完成的关于YZ服装公司的培训计划得到了公司董事长张先生的认可。为了使培训计划得以有效实施,赵老师为培训设计了监督评估工具——一份培训效果评估问卷。以下是问卷的设计过程。

首先,赵老师组织咨询项目小组成员讨论,确定了评估的主要信息,涉及培训组织和管理、培训内容、培训师和学员四个方面。

其次,赵老师根据确定的评估信息,选择了问题类型,并将信息转化成具体的问题,还根据问卷的编写原则对问题进行了排序,形成了问卷初稿。

最后,赵老师请资深的创业指导师检查了问卷,并根据其修改建议对问卷进行了优化,形成了如下培训效果评估问卷终稿。

培训效果评估问卷

为了了解您对本次培训的整体评价，请您将真实的感受填写在本问卷中，以便有效改进和完善培训工作。感谢您的合作！

填写说明：

1. 请在符合您情况的题目前的□内填"√"。
2. 问卷的表格长度可以根据填写内容自动延长。

基本信息

填表日期：　　　年　　月　　日

培训主题：

培训地点：

培训师姓名：

培训的总体评价

您对本次培训的总体评价是怎样的？

□非常满意　□很满意　□比较满意　□一般或说不清

□不满意，原因：＿＿＿＿＿＿＿＿＿＿＿＿＿＿＿＿＿＿

培训内容

1. 您认为本次培训内容对您的实际工作是否有帮助？

□非常有帮助　□很有帮助　□有一定的帮助　□一般或说不清

□没有帮助，原因：＿＿＿＿＿＿＿＿＿＿＿＿＿＿＿＿

2. 您认为本次培训内容的结构和逻辑是否合理？

□非常合理　□很合理　□比较合理　□一般或说不清

□不合理，原因：＿＿＿＿＿＿＿＿＿＿＿＿＿＿＿＿＿

3. 您认为本次培训内容的难易程度是怎样的？

□非常简单　□很简单　□一般　□比较难　□很难

4. 您认为本次培训中使用的培训材料是否有价值？

□非常有价值　□很有价值　□有一定的价值　□一般或说不清

□没有价值，原因：＿＿＿＿＿＿＿＿＿＿＿＿＿＿＿＿

5. 您认为本次培训中使用的培训方法是否合理?

☐非常合理　☐很合理　☐比较合理　☐一般或说不清

☐不合理，原因：_____

培训师（1非常好，2很好，3一般，4很差，5非常差）

1. 专业水平　　　　　　　　　　☐1 ☐2 ☐3 ☐4 ☐5
2. 工作态度　　　　　　　　　　☐1 ☐2 ☐3 ☐4 ☐5
3. 仪态仪表　　　　　　　　　　☐1 ☐2 ☐3 ☐4 ☐5
4. 语言表达　　　　　　　　　　☐1 ☐2 ☐3 ☐4 ☐5
5. 逻辑思维　　　　　　　　　　☐1 ☐2 ☐3 ☐4 ☐5
6. 授课技巧　　　　　　　　　　☐1 ☐2 ☐3 ☐4 ☐5
7. 总体表现　　　　　　　　　　☐1 ☐2 ☐3 ☐4 ☐5

培训组织和管理（1非常满意，2很满意，3比较满意，4一般，5不满意）

1. 您对本次培训的形式是否满意?

　　　　　　　　　　　　　　　☐1 ☐2 ☐3 ☐4 ☐5

2. 您对教室的环境是否满意?

　　　　　　　　　　　　　　　☐1 ☐2 ☐3 ☐4 ☐5

3. 您对本次培训的住宿条件是否满意?

　　　　　　　　　　　　　　　☐1 ☐2 ☐3 ☐4 ☐5

4. 您对本次培训课外活动的组织是否满意?

　　　　　　　　　　　　　　　☐1 ☐2 ☐3 ☐4 ☐5

5. 您对本次培训的组织和管理工作是否满意?

　　　　　　　　　　　　　　　☐1 ☐2 ☐3 ☐4 ☐5

您对培训的其他建议：

职业模块 ②
企业经营管理指导

培训课程 1

问题诊断

学习单元 1　企业经营管理中的常见问题及其诊断的原则和流程

一、企业经营管理中的常见问题

在企业经营管理的日常运作中，各种问题往往会不期而至，它们如同暗礁般潜伏在发展的航道上，稍有不慎便可能使企业陷入困境。为了帮助企业更好地识别并应对这些问题，这里重点探讨企业经营管理中常见的几类问题。

1. 人力资源类问题

在企业经营管理中，人力资源类问题对于企业的长期发展至关重要。以下详细分析人力资源类问题中常见的四个方面问题。

（1）人才招聘与选拔问题。

1）招聘渠道单一或效率低下。如果企业仅依赖传统的招聘渠道（如招聘网站、招聘会等），可能会错过社交媒体、内部推荐等更多元化的招聘渠道。而这些渠道可能更高效，能更快地找到符合企业需求的人才。此外，如果招聘流程烦琐，例如，面试轮次过多、决策周期过长，会大大降低招聘效率，导致优秀候选人选择其他机会。

2）招聘流程不规范。缺乏标准化的招聘流程可能导致招聘过程中出现不公平或主观性过强的情况。例如，没有明确的评分标准或面试官的主观偏见都可能影响招聘决策。规范的招聘流程应该包括明确的职位描述、公正的候选人评估、及时的反馈等。

3）缺乏有效的人才储备机制。如果企业没有建立起人才储备库，在急需人才时可能会面临找不到合适人选的情况。有效的人才储备机制应该包括定期的人才市场调研、建立与高校或职业培训机构的合作、鼓励内部员工推荐等。

（2）员工培训与绩效管理问题。

1）培训需求不明确。如果企业没有深入了解员工的培训需求，可能会导致提供的培训内容与实际需求脱节。因此，制订培训计划前应该通过员工调查、部门反馈等方式明确培训需求。

2）缺乏培训效果评估。如果企业没有建立有效的培训效果评估机制，就无法了解培训是否达到了预期的效果。培训效果评估可以通过员工反馈、测试、案例分析等方式进行。

3）绩效指标设置不合理。绩效指标应该与企业的战略目标相一致，并且能够反映员工的实际工作情况。绩效指标设置不合理，可能会导致员工工作方向偏离企业目标，或者产生不公平的绩效评价。

4）缺乏绩效反馈与沟通。绩效反馈与沟通是绩效管理中的重要环节。如果企业没有及时向员工反馈绩效结果，或者没有与员工进行有效的沟通，员工就无法了解自己的优点和不足，也无法进行自我提升。

（3）骨干员工、合伙人与股权架构问题。

1）骨干员工激励不足。如果企业没有给予骨干员工足够的激励，可能会导致员工流失或工作积极性下降。激励可以采取薪酬、奖金、晋升机会、股权等多种方式。企业应该根据员工的贡献和潜力制订个性化的激励方案。

2）股权结构不清晰。企业的股权结构不清晰，可能会导致企业内部管理混乱，甚至引发法律纠纷。企业家应加强学习，系统思考规划，建立明确的股权结构，并定期进行股权变更的登记和公告。

3）合伙人权益分配不均。合伙人之间的权益分配应该公平合理，如果分配不均，可能会导致合伙人之间的矛盾和冲突。在制定合伙协议时，应该明确各合伙人的权益比例和分配方式。

4）缺乏退出机制。如果企业没有建立起有效的合伙人退出机制，在合伙人退出时可能会产生纠纷和不满。退出机制应该包括退出的条件、程序、权益处理等方面。

（4）其他问题。

1）员工激励与福利制度问题。企业需要根据员工的实际需求和企业的发展状况，制定合理的激励和福利制度，以激发员工的工作积极性和归属感。

2）企业文化建设问题。企业文化是企业的灵魂和核心竞争力之一。如果企业文化建设不当，可能会导致员工价值观与企业价值观不一致，影响企业的长期发展。

3）劳动关系管理问题。企业需要遵守相关法律法规，保障员工的合法权益，同时建立和谐的劳动关系，减少劳动纠纷的发生。

4）人力资源规划问题。企业需要根据自身的发展战略和市场环境，制定合理的人力资源规划，以确保企业的人力资源需求得到满足。

2. 市场营销类问题

（1）市场调研及定位问题。

1）目标市场定位模糊。目标市场定位模糊常常源于企业缺乏对市场细分和消费者画像的深入研究。这会导致企业无法针对特定消费群体制定精准的营销策略。为了解决这个问题，企业需要运用市场调查工具和方法，如问卷调查、深度访谈、数据分析等，来识别和理解目标市场的消费者需求、行为特征和购买动机。同时，企业还需要密切关注市场动态，以便及时调整市场定位。

2）调研数据不准确或不全面。调研数据不准确或不全面可能是调研方法不当、样本选择偏差或数据分析错误等原因造成的。为确保调研数据的准确性和全面性，企业需要选择可靠的调研机构和专业的调研人员，确保调研问卷的设计科学、合理，并采用多种数据收集方法相互印证。此外，企业还需要对数据进行严格的审核和验证，以确保数据的真实性和可靠性。

3）缺乏对竞争对手的分析。对竞争对手的忽视可能导致企业无法及时发现和应对市场威胁。为了解决这个问题，企业需要建立竞争对手分析体系，定期收集和分析竞争对手的产品、价格、促销、渠道等信息，以便了解竞争对手的优劣势和战略意图。同时，企业还需要关注竞争对手的营销策略变化，以便及时调整自己的策略，从而保持竞争优势。

（2）营销策略问题。

1）市场反应迟钝。市场反应迟钝可能源于企业缺乏市场敏感度和快速响应能力。为了解决这个问题，企业需要建立快速响应机制，提升市场信息的收集和分析能力，以便及时发现市场机会和威胁。同时，企业还需要培养员工的市场意识，鼓励员工提出创新性的营销建议，以便更好地适应市场变化。

2）产品差异化不足。产品差异化不足可能是由于企业缺乏创新能力和对消费者需求的深入理解造成的。为了解决这个问题，企业需要加强产品研发和创新投入，通过技术创新和产品设计等手段打造具有竞争力的产品。同时，企业还需要关注消费者需求的变化趋势，以便及时调整产品策略从而满足市场需求。

3）价格策略不当。价格策略不当可能源于企业缺乏成本分析能力和对市场需求的理解不足。为了制定合理的价格策略，企业需要深入了解产品的成本结构和市场需求情况，同时还需要关注竞争对手的价格策略变化，以便及时调整自己的价格策略从而保持竞争力。

4）促销活动缺乏创新。促销活动缺乏创新可能是企业缺乏创新意识和对消费者心理的深入理解造成的。为了创新促销活动形式和内容，企业需要关注消费者心理的变化趋势和新兴营销渠道的发展情况，以便设计更具吸引力和创新性的促销活动。同时，企业还需要注重促销活动的执行力和效果评估，以便及时发现问题并进行改进。

（3）客户关系管理问题。

1）客户沟通不畅。客户沟通不畅可能源于企业缺乏有效的沟通渠道和沟通机制。为了解决这个问题，企业需要建立多种沟通渠道，如电话、邮件、社交媒体等，以便及时回应客户问题和反馈。同时，企业还需要制订客户沟通规范和服务标准，以确保客户沟通的高效性和专业性。

2）客户维护不足。客户维护不足可能源于企业缺乏客户关怀意识和客户关系管理体系。为了解决这个问题，企业需要制订客户维护计划，定期与客户保持联系，并提供个性化的服务和支持。同时，企业还需要建立客户忠诚度体系，通过积分、优惠券等方式提高客户忠诚度和复购率。

3）客户数据分析利用不足。客户数据分析利用不足可能源于企业缺乏数据分析能力和对数据的深入理解。为了解决这个问题，企业需要建立客户数据分析体系，通过数据挖掘和分析技术深入了解客户需求和行为特征。同时，企业还需要将数据分析结果应用于营销策略制定和产品改进中，以提高客户满意度和忠诚度。

（4）其他问题。

1）市场渠道选择与拓展问题。在选择与拓展市场渠道时，企业需要综合考虑产品特点、目标消费者和竞争状况等因素。为了选择合适的市场渠道，企业需要了解各种渠道的优缺点和适用范围，以便选择最适合自己的渠道。同时，为了拓展新的销售渠道，企业需要积极寻求合作伙伴和开拓新的市场领域，以便更好地覆盖目标消费者。

2）促销活动策划与执行问题。成功的促销活动需要精心策划和高效执行。在策划促销活动时，企业需要明确活动目标、确定活动主题和形式、制订详细的执行计划和预算。在执行促销活动时，企业需要确保活动的顺利进行并及时调整策略，以应对意外情况。同时，企业还需要对活动效果进行评估和总结，以便为未来的促销活动提供参考。

3）市场变化应对问题。市场变化是不可避免的。为了应对市场变化，企业需要建立灵活的市场反应机制，提升市场信息的收集和分析能力。同时，企业还需要培养员工的创新意识和应对能力，以便及时发现和应对市场机会和威胁。此外，企业还需要关注新兴技术和新兴市场的发展趋势，以便及时调整自己的战略方向，从而保持竞争优势。

3. 财务管理类问题

（1）成本管控问题。

1）成本预算不合理。通常表现为预算过高或过低，与实际成本支出存在较大偏差。这可能是市场预测不准确、历史数据参考不足、预算编制方法不科学等原因造成的。为了解决这个问题，企业应建立科学的成本预算体系，充分考虑市场环境、产品特性、生产能力等因素，并定期进行预算调整。

2）成本核算不准确。这可能导致企业无法准确了解产品成本，无法进行有效的成本控制和决策。原因可能是成本核算方法不当、数据来源不准确、成本核算流程不规范等。为了解决这个问题，企业应建立规范的成本核算制度，明确核算方法和流程，并加强数据管理和审核。

3）成本控制机制不健全。这可能导致企业无法及时发现和应对成本超支问题。原因可能是成本控制意识不强、成本控制制度不完善、成本控制手段单一等。为了解决这个问题，企业应建立全面的成本控制机制，涵盖成本预算、成本核算、成本分析、成本考核等各个环节，并加强成本控制意识培训。

（2）资金管理问题。

1）融资困难。这是许多企业面临的一大问题，尤其是中小企业。这可能是企业信用评级低、财务状况不佳、缺乏抵押物等原因造成的。为了解决这个问题，企业应加强与银行等金融机构的前期沟通和合作，提高信用评级，加强财务管理和内部控制，积极寻求多种融资渠道，如银行贷款、股权融资等。

2）资金安全风险。包括资金流失、被盗用、被挪用等风险。这可能是企业内部控制不严格、财务管理不规范、员工素质不高等原因造成的。为了降低资金安全风险，企业应建立完善的内部控制制度和资金管理制度，加强员工培训和监督，确保资金安全。

3）资金利用率低。这会导致企业资金闲置，无法发挥最大效益。这可能是企业投资决策失误、资金使用计划不合理、资金占用时间长等原因造成的。为了提高资金利用率，企业应制订合理的资金使用计划，加强投资决策分析和管理，优化资金占用结构。

（3）财税规范问题。

1）税务合规风险。包括企业因违反税收法规而面临的罚款、处罚等风险。这可能是企业对税收法规不了解、故意逃税避税等原因造成的。为了降低税务合规风险，企业应加强对税收法规的学习和了解，确保企业税务行为合法合规。

2）财务报表不规范。这会导致企业无法准确反映财务状况和经营成果，影响投资者和债权人的决策。这可能是财务报表编制不规范、数据来源不准确、报表审核不严格等原因造成的。为了规范财务报表编制和审核工作，企业应建立规范的财务报表编制和审核制度，加强数据管理和审核工作。

3）发票管理制度不健全。包括发票开具不规范、发票丢失、发票被伪造等风险。这可能是企业对发票管理不重视、发票管理制度不完善等原因造成的。为了加强发票管理，企业应建立完善的发票管理制度和流程，加强发票开具、审核、保管等环节的管理和监督。

（4）其他问题。

1）财务风险管控问题。这是企业财务管理的重要组成部分，涉及资金安全、成本控制、税务合规等多个方面。为了加强财务风险管控，企业应建立完善的财务风险管控体系，涵盖风险识别、评估、应对和监控等各个环节，并加强内部控制和风险管理培训。

2）财务团队专业能力问题。专业能力对企业财务管理水平有着重要影响。财务团队专业能力不足，会导致企业财务管理出现各种问题。为了提高财务团队的专业能力，企业应加强对财务人员的教育和培训，提高其专业技能和综合素质。

3）内部控制制度完善程度问题。内部控制制度的完善程度直接影响企业的财务管理水平和风险防控能力。内部控制制度不完善，会导致企业财务管理出现漏洞和风险。为了完善内部控制制度，企业应加强专业学习并与外部专业财务公司合作，建立科学的内部控制体系，加强内部控制制度的执行和监督。

4）财务信息化水平问题。财务信息化水平的高低对企业财务管理效率和质量有着重要影响。财务信息化水平低，会导致企业财务管理效率低下、数据不准确等问题。为了提高财务信息化水平，企业应加强财务信息化建设，采用先进的财务管理软件和系统，提高财务管理效率和数据准确性。

4. 其他经营管理问题

很多企业在生产运营、技术创新和法律风险等方面还面临诸多挑战，它们对企业的市场竞争力、持续发展和稳健经营构成威胁。

（1）生产运营问题。生产运营问题主要涉及生产效率、成本控制、供应链管理、生产质量控制以及市场需求响应等方面。这些问题若得不到有效解决，将会直接影响到企业的盈利能力、市场竞争力以及客户满意度。

（2）技术创新问题。技术创新是企业持续发展的关键因素之一。然而，企业在技术创新过程中往往会面临技术瓶颈、研发投入不足、创新成果转化率低等问题。

（3）法律风险问题。企业在经营过程中可能会面临多种法律风险，如合同纠纷、知识产权侵权、劳动争议等。这些法律风险若处理不当，将会给企业带来严重的经济损失和声誉损害。

二、问题诊断的原则和流程

在深入探索企业经营管理的过程中，创业指导师不可避免地会遇到各种问题。这些问题可能是策略性的、操作性的，也可能是结构性的。为了有效解决这些问题，创业指导师需要进行精确而系统的问题诊断。

1. 问题诊断的原则

（1）客观性原则。要求问题诊断必须基于事实和数据，避免主观臆断和个人偏见，这是问题诊断的基础。创业指导师要保持中立的态度，通过客观的方法收集和分析信息，确保诊断结果的准确性和可靠性。

（2）针对性原则。强调针对具体问题提出具体的解决方案。创业指导师要深入了解问题的本质和根源，结合企业的实际情况，提出具有针对性的建议和措施。坚持针对性原则有助于提高问题解决的效率和质量，确保企业能够针对关键问题采取有效的行动。

（3）可操作性原则。要求提出的解决方案必须具有可操作性，即能够在实践中得到实施和执行。创业指导师要充分深入了解企业情况，考虑企业的资源和能力，确保解决方案的可行性和实用性。坚持可操作性原则有助于确保问题诊断的成果能够转化为实际行动，推动企业的持续改进和发展。

（4）保密性原则。要求问题诊断时严格保守企业的商业机密和敏感信息。创业指导师要遵守职业道德和法律法规，确保在诊断过程中不泄露企业的机密信息。坚持保密性原则有助于维护企业的商业利益和声誉，增强企业与创业指导师之间的信任关系。

2. 问题诊断流程

（1）前期准备。

1）收集资料：包括企业概况、组织架构、业务流程、财务数据等，为后续的问题识别和分析提供基础数据。

2）明确诊断目标：确定需要关注的主要问题和领域。这有助于创业指导师集中精力，提高诊断效率。

（2）问题识别。

1）调研考察：通过实地调研、访谈、问卷调查等方式，深入了解企业的实际运营情况，发现可能存在的问题。调研考察需要全面、深入，确保收集到的信息真实可靠。

2）问题梳理：对收集到的信息进行整理和分析，梳理出企业经营管理中存在的主要问题。这些问题可能涉及人力资源、市场营销、财务管理等多个方面。

（3）问题诊断。

1）人力资源问题诊断：分析企业的人力资源管理现状，涉及招聘、培训、绩效管理等环节，找出存在的问题和不足。

2）市场营销问题诊断：评估企业的市场营销策略和市场表现，分析市场定位、产品策略、价格策略等方面的问题。

3）财务管理问题诊断：审查企业的财务状况和财务报表，分析资金流、成本控制、盈利能力等方面的问题。

4）其他经营管理问题诊断：根据企业的实际情况，对其他经营管理领域进行诊断，如供应链管理、研发管理、生产管理等。

（4）问题分析与评估。

1）影响分析：分析问题的严重性和紧迫性，评估问题对企业经营管理的影响程度。这有助于确定解决问题的优先级和重要性。

2）原因剖析：深入挖掘问题的根源和原因，找出导致问题出现的根本因素。这有助于制定针对性的改进措施和优化建议。

（5）提出解决方案。

1）制定改进措施：根据问题分析和评估的结果，制定具体的改进措施。这些措施需要具有针对性和可操作性，能够切实解决企业经营管理中存在的问题。

2）提出优化建议：在改进措施的基础上，提出针对企业经营管理的优化建议。这些建议旨在提高企业的运营效率和市场竞争力，推动企业可持续发展。

（6）诊断报告撰写与反馈。

1）撰写诊断报告：将问题诊断的过程、结果和解决方案整理成书面报告，报告需要清晰、准确、全面地反映企业经营管理中存在的问题和改进措施。

2）反馈与沟通：将诊断报告反馈给企业管理层和相关人员，与他们进行充分的沟通和交流。这有助于确保诊断结果和建议得到理解和接受，推动企业采取行动以改善经营管理。

3. 注意事项

（1）保持客观公正。进行问题诊断时，必须始终保持客观公正的态度。这意味着创业指导师不应受到个人偏见、利益冲突或其他非事实因素的影响，而应基于事实和数据进行判断。

实践建议：确保诊断团队具备专业的知识和技能，能够客观分析问题。同时，在诊断过程中避免对任何部门或个体产生偏见或歧视，确保诊断结果的公正性。

（2）注重数据收集与分析。数据是问题诊断的基石。为了准确识别问题并提出有效的解决方案，必须注重数据的收集与分析，包括企业的财务数据、市场数据、人力资源数据等。

实践建议：诊断开始前制订详细的数据收集计划，确保收集到全面、准确的数据。数据分析时要运用适当的统计和分析方法，挖掘数据背后的规律和问题。

（3）提供可行的解决方案。问题诊断的最终目的是提出可行的解决方案，帮助企业解决问题并改善经营管理。因此，诊断过程中需要注重解决方案的可行性和实用性。

实践建议：提出解决方案时要充分考虑企业的实际情况和资源限制，确保解决方案能够在企业中得到有效实施。同时，与企业管理层和相关部门进行充分的沟通和协商，确保解决方案的可行性和可接受性。

（4）对企业信息严格保密。问题诊断时，创业指导师可能会接触到企业的敏感信息和商业机密。对此，创业指导师必须严格遵守保密原则，确保这些信息在诊断过程中的安全。

实践建议：诊断开始前与企业签订保密协议，明确双方的权利和义务；诊断过程中对收集到的敏感信息进行严格保密，避免泄露给无关人员；诊断报告撰写与反馈时，注意保护企业的隐私信息，确保不泄露任何机密内容。

学习单元2　诊断企业经营管理中的融资问题

一、诊断方法

创业指导师可以采用"十步法"，深入剖析企业的融资状况，找到问题的关键所在。

1. 第一步：了解企业基本情况

收集企业的背景信息，如行业、规模、发展阶段等；明确企业的商业模式、核心竞争力和市场定位。

2. 第二步：财务状况评估

审查企业的财务报表，包括资产负债表、利润表和现金流量表等；分析财务比率，如偿债能力、营运能力、盈利能力等指标；评估企业的资金流动性和财务稳定性。

3. 第三步：融资需求分析

确定企业的短期和长期资金需求，了解资金用途，是用于扩张、研发，还是用于运营等。

4. 第四步：现有融资渠道分析

梳理企业已有的融资渠道，如股东投入、银行贷款、民间借贷等，评估各渠道的成本、风险和可持续性。

5. 第五步：融资能力评估

分析企业的信用状况和信用评级，考察企业的抵押物、担保等资源情况。

6. 第六步：市场融资环境分析

研究当前宏观经济形势对融资的影响，了解行业内类似企业的融资案例和趋势。

7. 第七步：潜在融资渠道挖掘

探讨适合企业的新融资途径，如股权融资、债券融资等，评估不同渠道的可行性和优缺点。

8. 第八步：融资风险分析

识别融资过程中可能面临的风险，如政策风险、市场风险等，制定应对风险的策略和预案。

9. 第九步：制定融资方案建议

根据分析结果，提出综合性的融资方案建议，包括融资额度、渠道选择、时间安排等。

10. 第十步：后续跟踪与调整

协助企业实施融资方案，并跟踪进展；根据实际情况变化，及时调整诊断和建议。

二、常见融资问题

1. 融资额度问题

（1）需求与供给不匹配。企业可能需要的融资额度与金融机构或投资者愿意提供的额度不匹配。

（2）规模限制。对于初创企业或小型企业，由于规模较小、信用记录有限，可能难以获得所需的大规模融资。

企业通常需要评估自身所需的资金量，以及能够承担的负债水平。如果融资额度过高，可能导致企业负债过重，增加财务风险；如果融资额度过低，则可能无法满足企业的实际需求。

2. 融资成本问题

（1）利率与费用问题。不同融资渠道的利率和费用可能不同，企业需要在成本效益之间进行权衡。

（2）隐性成本问题。除直接的利息支出外，还可能存在其他隐性成本，如咨询费、评估费、手续费等。

企业在选择融资渠道时需要综合考虑各种融资方式的成本，选择最适合自己的融资方式。

3. 融资周期问题

（1）资金到位时间问题。企业急需资金时，融资周期过长可能导致资金到位不及时，影响企业的运营。

（2）还款期限问题。还款期限过短可能给企业带来还款压力，而还款期限过长则可能增加融资成本。

企业申请融资时需要了解不同融资渠道的审批流程和周期,提前做好规划和准备。

4. 融资担保问题

(1)担保条件问题。金融机构或投资者可能要求企业提供担保或抵押物,这对于一些轻资产或缺乏担保资源的企业来说是一个挑战。

(2)担保风险问题。提供担保意味着企业可能面临担保损失的风险,需要谨慎考虑。

企业需要权衡担保的利弊,并考虑采用其他增信措施,如第三方担保、信用保险等。

5. 融资渠道问题

(1)渠道有限。对于某些地区或行业的企业,融资渠道可能相对有限。随着金融市场的不断发展,新的融资渠道和金融产品不断涌现,企业需要及时关注市场动态,积极拓宽融资渠道。

(2)渠道选择不当。不同的融资渠道有不同的特点和要求,企业需要根据自身情况选择合适的融资渠道。

此外,企业在融资过程中还可能面临其他问题,如信息不对称、市场波动、政策变化等。因此,企业在融资前要做好充分准备,了解市场和融资渠道,制定合理的融资策略,并在融资过程中与金融机构或投资者保持良好的沟通和合作,以确保融资活动顺利进行。

三、诊断的注意事项

1. 全面分析企业的财务状况

要深入了解企业的资产负债表、利润表和现金流量表,评估企业的资产结构、负债水平、偿债能力以及盈利能力,以便了解企业的整体财务状况,为融资决策提供依据。

2. 了解企业的融资结构和成本

要了解企业当前的融资结构,包括各种融资方式的比例。评估企业的融资结构是否合理、是否存在优化空间。同时,要关注企业的融资成本,确保其在可承受范围内。

3. 考察企业的经营状况和前景

要评估企业的经营状况，包括市场份额、竞争地位、盈利能力等。同时，要关注企业的发展前景和行业趋势，以判断企业的未来发展潜力和融资需求。

4. 关注企业的信用状况

要了解企业的信用记录、信用评级和偿债能力，以评估企业在金融市场上的信誉和融资能力。良好的信用状况有助于企业获得更多的融资机会和更低的融资成本。

5. 综合考虑融资需求和风险承受能力

要综合考虑企业的融资需求和风险承受能力，确保企业在获得必要融资的同时不会过度增加财务风险和经营压力。

6. 注重长期规划与发展战略

融资决策应与企业的长期规划和发展战略相结合，确保融资活动符合企业的整体发展方向和目标。

总之，创业指导师要全面诊断企业经营管理中存在的融资问题，为企业的健康发展提供有力支持，必要时可以寻求专业机构的意见和建议，以确保企业能够获得合适的融资支持并实现可持续发展。

 **相关链接**

企业融资的方式和渠道

企业融资是企业为了满足其经营、扩张或偿还债务等资金需求，通过一定渠道和方式筹集资金的行为。

1. 企业融资的方式

（1）按企业资金的来源分类。

1）内部融资。企业通过自身积累的资金来满足其资金需求，主要来源包括企业的留存收益、折旧和摊销等。内部融资的优点是成本低、风险小，但可能受到企业盈利能力和现金流的限制。

2）外部融资。企业从外部渠道获得的资金，主要来源包括金融机构贷款、发行债券、股权融资等。外部融资的优点是可以快速获取大量资金，但可能会增加企业的财务风险和成本。

（2）按资金产权关系分类。

1）股权融资。企业通过发行股票或吸引直接投资（如风险投资、天使投资等）的方式获得资金，同时投资者成为企业的股东，享有企业的所有权和分红权。股权融资的优点是可以长期稳定地筹集资金，但可能会稀释原股东的控制权。

2）债权融资。企业通过发行债券、向银行贷款等方式，向债权人筹集资金，企业需要按照约定的利率和期限还本付息。债权融资的优点是成本相对较低，但会增加企业的负债和财务风险。

（3）按中介机构的性质和作用分类。

1）直接融资。资金供求双方通过一定的金融工具（如股票、债券等）直接进行资金融通的方式。这种方式不需要通过中介机构，资金供求双方直接达成交易，或者中介机构主要起到信息披露和辅助交易的作用，如证券交易所、证券公司等。直接融资的优点是可以降低融资成本，但要求企业具有较高的信用评级和信息披露能力。

2）间接融资。资金需求方通过金融机构筹集资金的方式，如企业向银行贷款。在这种方式下，金融机构充当了信用中介的角色，通过自身的信用和风险管理能力来匹配资金供求。间接融资的优点是可以降低企业的融资门槛和风险，但可能会增加融资成本和时间成本。

不同的融资方式具有不同的优缺点和适用范围，企业需要根据自身的实际情况和融资需求来选择合适的融资方式。同时，企业在融资过程中还需要注意风险管理和信息披露等方面的问题，以保护投资者的利益和促进企业的可持续发展。

2. 企业融资的渠道

企业融资的渠道是指企业获取资金的来源和途径。不同的融资渠道有不同的特点、要求和适用条件。以下是目前企业融资的主要渠道。

（1）国家财政资金。通过政府部门的财政拨款、补贴、贷款等方式获得的资金。国家财政资金通常具有政策导向性，主要用于支持国家重点产业、基础设施建设和科技创新等领域。获取国家财政资金通常需要企业符合一定的政策要求和资质标准，申请过程可能较为烦琐。

（2）银行贷款。银行贷款是企业融资的主要渠道之一。企业可以通过向商业银行、政策性银行等金融机构申请贷款来获取资金。银行贷款具有资金量大、利率相对较低的优点，但需要企业提供担保或抵押物，并承担按期还本付息的义务。

（3）非银行金融机构的资金。非银行金融机构，如保险公司、证券公司、信托公司等，也可以为企业提供融资服务。这些机构通常提供多样化的融资产品，如债券发行、融资租赁、保理等。通过非银行金融机构融资，企业可以获得更灵活、更个性化的融资方案。

（4）其他企业资金。通过与其他企业进行股权合作、战略投资、并购等获取资金。通过与其他企业合作，企业可以获取对方的资金、技术、市场等资源，实现资源共享和优势互补。

（5）民间资金。通过向个人或民间组织筹集的资金。企业可以通过发行私募债券、众筹等方式获取民间资金。民间资金通常具有灵活性高、利率相对高的特点，但也可能存在较大的风险和不确定性。

（6）境外资金。通过国际金融市场或外资金融机构筹集的资金。企业可以通过发行国际债券、境外上市、引进外资战略投资者等方式获取境外资金。境外资金可以为企业提供更多的融资渠道和更广阔的市场空间，但也需要企业具备较高的国际化水平和风险管理能力。

不同的融资渠道具有不同的特点、优势和限制条件，企业在选择融资渠道时，需要综合考虑自身的经营状况、财务状况、融资需求以及市场环境等因素，选择最适合自己的融资渠道。同时，企业在融资过程中还需要注意遵守相关法律法规，保护投资者权益，防范融资风险。

学习单元3　诊断企业经营管理中的知识产权问题

当下新技术、新产业、新业态、新模式成为常态的市场环境，知识产权问题对于企业经营管理的重要性愈发凸显。不管是处于起步阶段的新兴企业，还是已发展成熟的大型企业，都需要高度重视知识产权来保障自身权益、提升竞争力并推动创新。知识产权问题不仅直接关系到企业当前的运营状况，更对其长远发展有着深远影响。所以，深入认识和理解知识产权的类型、保护方式以及运用策略，对企业实现可持续发展极为关键。

企业的知识产权管理与其市场竞争力紧密相关，二者一同构筑起企业稳定发展的重要支柱。企业在处理知识产权问题时，不仅要明晰各种类型的知识产权及其特点，还需对自身知识产权的价值进行准确评估。知识产权的管理和运用不仅决定着企业在市场中的竞争优势，更体现了企业的创新能力和潜在价值。

一、诊断方法

创业指导师可以采用"七步法"对企业知识产权情况进行全面、深入的诊断，帮助企业更好地了解和管理自身的知识产权资产，及时发现潜在问题并采取有效的应对措施，从而提升企业的核心竞争力和市场地位。

1. 第一步：收集和掌握企业知识产权基本情况

全面收集企业所拥有的知识产权的详细信息，包括专利的类型（发明、实用新型、外观设计）、数量，商标的类别、著作权的具体作品等。了解这些知识产权的来源，是自主研发、受让取得还是其他途径。明确知识产权在企业整体战略中的地位，例如，是否作为核心竞争力的重要组成部分，对其在市场竞争、产品差异化等方面的重要性有清晰的认知。

2. 第二步：评估知识产权状态

仔细审查知识产权的有效性，例如，专利是否按时缴纳年费并维持有效，商标是否续展等。评估其稳定性，查看是否存在可能导致权利丧失的因素。深入分析知识产权的技术优势，比如技术的先进性、创新性程度，与同行业技术相比的领先程度等。同时，研究其市场影响力，包括在市场上是否具有较高的知名度和认可度，对企业产品销售和品牌形象的提升作用大小等。

3. 第三步：剖析知识产权的具体应用

明确知识产权在企业生产经营各个环节中的具体应用方式，比如专利技术是否应用于核心产品的生产，是否通过技术秘密保护关键工艺等。探讨在许可方面的开展情况，许可对象有哪些，许可费用的收益水平。分析知识产权对企业效益的贡献程度，是直接带来了高额利润，还是通过增强市场竞争力间接提升了企业效益。

4. 第四步：审查知识产权的运营管理

梳理企业在知识产权管理方面的整套流程，包括从研发成果的挖掘、申请的决策到申请过程的跟进以及后续维护等环节。评估管理措施的合理性，例如，是否有科学的评估机制来决定对哪些成果进行知识产权保护。检查执行效果，查看是否存在遗漏申请、管理混乱等问题，以及是否能及时应对可能出现的知识产权纠纷。

5. 第五步：识别知识产权风险

识别可能面临的侵权风险，例如，是否有其他企业正在或可能侵犯企业的知识产权，预估侵权行为对企业造成的损失。关注无效挑战风险，是否存在竞争对手试图通过无效宣告等手段削弱企业知识产权优势的情况。同时，考虑技术更新换代对现有知识产权价值的潜在影响等其他风险因素。

6. 第六步：分析行业知识产权态势

深入研究行业内其他企业的知识产权布局和竞争态势，了解领先企业的知识产权战略和重点方向。分析行业发展趋势对知识产权的影响，例如，新技术的出现可能导致哪些知识产权的重要性提升或降低。掌握行业内知识产权纠纷的常见类型和处理方式，以便企业提前做好应对准备。

7. 第七步：建议与调整

基于前面各步骤的分析结果，提出针对性的知识产权管理改进建议。例如，加强特定领域的研发投入以获取更多知识产权，优化管理流程以提高效率，建立更完善的风险防控机制等。在实施过程中，根据企业实际情况的变化，如业务调整、市场环境改变等，及时对诊断和建议进行跟踪和调整，确保知识产权管理始终与企业发展相适应。

二、诊断注意事项

1. 全面深入且动态分析企业知识产权情况

诊断企业经营管理中的知识产权问题要全面涵盖知识产权的各个领域，包括专利、商标、著作权、商业秘密等，不能有遗漏。例如，不仅要关注已有的专利申请和保护，还要考虑潜在的专利技术点。同时，要保持动态追踪，关注行业内知识产权的新发展、新技术的出现以及相关法规政策的变化对企业的影响。例如，当新法规出台可能影响企业现有知识产权的有效性时，要及时评估应对。

2. 结合企业战略与实际运营

诊断必须紧密结合企业的长期战略，明确知识产权如何助力战略实施。例如，若企业战略是拓展国际市场，那么国际知识产权布局和保护就是重点诊断内容。此外，还要结合企业实际运营情况，如生产流程、销售渠道等，分析在这些环节中可能出现的知识产权风险和机会,例如,供应链中是否存在侵犯他人知识产权的产品或技术。

3. 专业团队与跨部门协作

要有具备专业知识产权知识和丰富经验的人员参与诊断,他们能够准确判断问题的性质和严重程度。例如,专业的知识产权律师能够在法律合规方面提出精准的意见。此外,还需要促进跨部门的协作,包括研发、法务、市场等部门,因为知识产权问题往往涉及多个部门的工作。例如,研发部门提供技术信息,法务部门进行法律评估,市场部门反馈竞争态势,多个部门共同完成全面的诊断。

综上,诊断企业经营管理中的知识产权问题需要综合考虑企业的业务模式、知识产权管理与应用、知识产权状况以及潜在风险等因素。通过深入了解和评估知识产权情况,企业可以及时发现并解决知识产权问题,保护自身的创新成果和市场竞争优势。

 **相关链接**

企业知识产权申请和保护

1. 知识产权申请程序

专利申请程序包括提交申请、形式审查、实质审查以及授权公告等。其中,提交申请即申请人需准备好相关材料,包括专利申请书、说明书、权利要求书、附图等,并向专利管理部门递交。形式审查即对申请文件的格式、内容完整性等进行审查,确保符合相关规定。实质审查即对专利的新颖性、创造性和实用性等进行深入审查,这是一个较为严格和复杂的过程。授权公告即审查通过后进行授权并公告,向社会公示该专利的权利归属。

商标申请程序包括提交申请、形式审查、实质审查、公告异议以及注册发证等。其中,提交申请即明确商标的图样等信息并提交申请材料,包括商标注册申请书、商标图样等。形式审查即检查申请文件是否齐全、是否符合规定,商标图样是否清晰等。实质审查即审查商标是否具有可注册性,包括是否与在先权利冲突等。公告异议即若通过审查则进行公告,其间他人可提出异议。注册发证即若无异议或异议不成立则准予注册并颁发证书。

著作权在作品完成后自动产生,即作者在完成作品的瞬间即享有著作权,但也可进行版权登记以获得更有力的证明。版权登记程序通常包括提交申请、提供作品样本、填写相关信息等步骤。

商业秘密主要通过保密协议、内部管理制度等方式保护。通过与员工、合作伙伴等签订保密协议,明确保密的范围和责任。通过建立完善的内部管理制度,如文件加密、访问权限控制等,加强对相关信息的管理和监控。

2. 知识产权保护方式

行政保护即通过政府行政主管部门进行执法,如市场监督管理局、知识产权局等。

司法保护即通过法院进行诉讼。当知识产权受到侵犯时,可通过向法院提起诉讼来维护自身权益。在诉讼过程中,需要提供充分的证据来证明侵权行为的存在和自身的损失。

自我保护即企业自身的知识产权保护策略和措施,如建立完善的知识产权管理制度等;加强对员工的培训,增强员工的知识产权保护意识;定期进行知识产权的评估和维护,确保知识产权的有效性和价值;与合作伙伴明确知识产权的归属和使用规则,避免潜在的纠纷等。

学习单元 4 编写指导建议书

指导建议书体现了对企业经营管理问题的全面诊断,是针对具体问题提出的解决方案的集合。通过编写指导建议书,创业指导师可以系统分析企业经营管理问题,明确问题症结所在,并针对性地提出切实可行的建议。

一、指导建议书的内容

1. 问题概述

在指导建议书的开篇,要清晰、准确地概述所面临的问题,包括问题的背景、发生的情境、影响的范围以及问题的紧迫性。明确的问题概述能够体现问题的核心,为后续的诊断分析和解决方案的制定奠定基础。

2. 诊断分析

问题概述之后需要进行深入的诊断分析，包括收集与问题相关的所有信息，如数据、案例、市场趋势等。通过综合分析这些信息，确定问题产生的根本原因、影响因素以及潜在的风险点。诊断分析的结果将为解决方案的制定提供有力支持。

3. 解决方案

基于诊断分析的结果，制定具体的解决方案。解决方案应具有针对性、可行性和可操作性，能够切实解决所面临的问题。在制定解决方案时，需要考虑资源的有效性、时间的紧迫性以及可能遇到的困难。同时，还需要提出具体的实施步骤和计划，确保解决方案能够顺利执行。

4. 风险评估

在提出解决方案之后，需要评估方案可能带来的风险、影响，并提出应对措施。风险评估的目的是确保解决方案的可行性和安全性，避免在实施过程中出现意外情况。全面的风险评估可以为方案的实施提供有效的保障。

5. 指导建议

根据解决方案和风险评估的结果，提出具体的指导建议。应针对问题的根源和解决方案的实施过程，提供具体的指导和支持。指导建议应具有可操作性、实用性和针对性，能够帮助企业更好地应对所面临的问题。同时，还需强调建议的可行性和效果，以增强企业的信心和决心。

典型案例

甲企业市场营销管理中客户关系管理问题指导建议书

一、问题概述

甲企业在市场营销管理过程中面临客户关系管理不善的严重问题。据内部数据显示，近一年来甲企业客户流失率上升了15%，客户满意度下降了20%，客户投诉数量更是激增了30%。产生这些问题的根源在于，企业在快速扩张过程中对客户关系管理的投入和关注不足。具体表现为客户服务流程烦琐、客户反馈处理不及时、缺乏个性化的客户关怀等。这些问题不仅损害了企业声誉，还导致企业所占市场份额下滑了5%。鉴于问题的紧迫性，我们亟须制定并实施有效的解决方案。

二、诊断分析

通过深入收集与问题相关的数据、案例和分析市场趋势,我们发现甲企业客户关系管理问题产生的根本原因有以下几个方面:

1. 客户服务流程烦琐,平均处理时间长达 24 小时,导致客户体验不佳。

2. 客户反馈机制不健全,客户问题平均响应时间为 48 小时,远超过行业标准的 24 小时。

3. 缺乏有效的客户细分和个性化营销策略,无法满足不同客户的需求,导致客户满意度下降。

4. 员工客户服务意识不足,客户关系管理(Customer Relationship Management, CRM)系统应用不充分,导致客户数据无法有效整合和分析。

潜在的风险点包括客户信任度进一步下降、市场份额持续"缩水"、品牌形象受损等。

三、解决方案

1. 优化客户服务流程,简化操作步骤,将平均处理时间缩短至 12 小时以内,优化客户体验。

2. 建立健全的客户反馈机制,确保客户问题能够在 24 小时内得到有效解决。

3. 实施客户细分和个性化营销策略,根据不同客户的需求提供定制化的产品和服务,提高客户满意度。

4. 加强员工培训,增强客户服务意识和提高服务能力,确保每位员工都能熟练使用 CRM 系统。

5. 充分利用 CRM 系统,实现客户数据的整合和分析,为营销策略的制定提供支持。

具体实施步骤包括制订详细的优化计划、分阶段推进改革、监测实施效果并进行适时调整。

四、风险评估

在实施方案的过程中,可能面临的风险包括改革初期客户不适应、员工抵触情绪、技术实施难度等。为应对这些风险,提出以下措施。

1. 通过客户沟通和宣传,减轻客户的不适应感,确保改革顺利推进。

2. 加强员工培训和激励,提高员工对改革的接受度和参与度,确保改革措施得到有效执行。

  3. 选择成熟可靠的 CRM 系统，并寻求专业技术支持，确保技术实施的顺利进行。

 五、指导建议

  1. 立即启动客户服务流程的优化工作，成立专项小组负责推进，并设定明确的时间表和阶段性目标。

  2. 建立客户反馈处理机制，明确责任人和处理时限，确保客户问题能够及时得到解决。

  3. 制订客户细分和个性化营销策略的实施计划，并逐步推进，同时监测实施效果并进行反馈评估。

二、编写指导建议书的要求

1. 清晰明了

  清晰明了是编写指导建议书最基本的要求。首先，文档结构应该清晰，内容层次分明，使读者能够迅速抓住核心要点。其次，语言表达应简洁明了，避免使用过于专业或复杂的术语，确保读者能够轻松理解。最后，每项建议或措施都应有明确的解释和说明，确保读者能够明确知道如何实施。

  实践建议：使用标题、子标题和列表来组织内容，使结构更加清晰；使用简单、直接的语言，避免冗长和复杂的句子；提供具体的案例或示例来辅助说明。

2. 数据支撑

  数据支撑是确保指导建议书专业性和可靠性的关键。所有的建议和结论都应基于充分的数据分析和研究。这些数据可以来自市场调研、历史数据、竞争对手分析等多个方面。通过数据支撑，可以增强建议书的说服力。

  实践建议：收集与指导建议书内容相关的各类数据，包括定量和定性数据。对数据进行深入分析，提炼出有价值的信息和洞察结论。在指导建议书中明确引用数据来源，并解释数据的意义和应用。

3. 文档规范

  文档规范是指导建议书质量和一致性的重要保障。规范的文档应该遵循一定的格式和排版要求，包括字体、字号、行距、页边距等。同时，文档中的图表、图片和引用等也应该符合相应的规范。

实践建议：制定或遵循企业或行业的文档规范标准，确保文档中的图表、图片和引用等符合规范。

4. 风险评估

实施任何建议或措施之前，都需要对其可能带来的风险进行充分评估。这些风险可能包括市场风险、技术风险、财务风险等。通过风险评估，提前发现问题并制定相应的应对策略，以降低失败的可能性。

实践建议：识别可能存在的风险点，并对其进行分类和评估。分析每个风险点的影响程度和发生概率，确定其优先级。制定相应的风险应对策略和预案，确保在风险发生时能够及时应对。

5. 便于操作

指导建议书中提出的建议或措施必须具体、详细、可执行，并且具有明确的实施步骤和时间表。

实践建议：在提出建议或措施时，应确保其具有明确的实施步骤和时间表，并提供具体的操作指南和注意事项。

三、编写指导建议书的注意事项

1. 具有针对性

创业指导师需要深入理解并分析问题的本质，直接指向问题的核心，避免过于宽泛或偏离主题的讨论，每项建议都应明确说明其如何帮助解决或缓解问题。

2. 多角度思考

在解决复杂问题时，单一视角往往难以提供全面有效的解决方案。因此，创业指导师需要从行业、企业、员工等多个角度进行思考，综合考虑各种因素，以确保建议的全面性和实用性。鼓励创新思维和跨界合作，寻找新颖的解决方案，提升企业的竞争力和创新能力。

3. 持续跟踪与反馈评估

在指导建议书的编写过程中，持续跟踪与反馈以及后续的评估工作是至关重要的。这有助于创业指导师了解建议的实施效果，及时调整策略，确保问题得到有效解决。

总之，在编写针对不同问题诊断的指导建议书时，创业指导师需要确保问题针对性、多角度思考和持续跟踪与反馈评估三个方面的平衡和协调，以便提出更加全面、实用和有效的解决方案,帮助企业解决实际问题并提升竞争力。

 **相关链接**

问题诊断的关键数据指标

一、财务数据

资产负债表:了解企业的资产、负债和所有者权益状况。

利润表:分析企业的收入、成本和利润,评估盈利能力。

现金流量表:监测企业的现金流入和流出,评估现金流的健康状况。

二、销售数据

销售额:衡量企业产品或服务的市场需求。

销售额增长率:评估销售业绩的增长趋势。

毛利率:反映企业销售产品或服务的盈利能力。

三、市场数据

市场份额:了解企业在市场中的竞争地位。

竞争对手分析:比较竞争对手的业绩、策略和市场占有率。

市场趋势:预测未来市场的变化和机遇。

四、生产数据

生产效率:衡量单位时间内生产的产品或服务数量。

产品质量:反映产品或服务的可靠性和客户满意度。

原材料消耗:评估生产过程中的成本控制和资源利用效率。

五、人力资源数据

员工结构:了解员工的学历、经验和技能分布。

绩效考核:评估员工的工作表现和贡献。

人力成本:计算员工薪酬、培训和福利等人力成本。

六、客户数据

客户满意度:衡量客户对企业产品或服务的满意程度。

客户留存率:评估客户忠诚度和长期价值。

客户投诉:了解客户对企业产品或服务的不满和反馈。

七、成本数据

成本结构:分析企业各项成本的组成和比重。

成本趋势：评估成本的变化趋势和原因。

成本效益分析：比较成本与收益的关系，评估投资回报率。

八、运营效率数据

库存周转率：评估企业库存管理的效率。

应收账款周转率：衡量企业资金回收的速度和效率。

订单处理时间：反映企业响应市场和客户需求的速度。

问题诊断分析时应综合考虑以上各类数据指标，并根据具体问题的性质和领域选择合适的指标进行针对性分析。此外，还需要注意数据的来源和准确性，确保诊断分析的有效性和可靠性。

培训课程 2 方案制订指导

学习单元 1 问题解决方案的制订

创业指导师制订问题解决方案时,首先,要深入剖析解决方案的核心内容,从问题的剖析到解决策略的制定,再到实施计划的安排,每一步都要力求精准到位;其次,应强调一些基本原则,如目标导向、可行性、创新性、协同性等,以确保方案的科学性和有效性;最后,要关注关键事项,避免走入误区。

一、解决方案的主要内容

1. 问题概述与背景分析

简述问题的现状、重要性及紧迫性,分析问题产生的背景、原因及影响范围。

2. 目标设定

设定具体、可衡量的解决目标,阐述目标达成后的预期效果或成果。

3. 核心策略

针对问题提出核心解决策略或思路,解释策略选择的理由和预期效果。

4. 实施步骤与行动计划

将核心策略细化为具体的实施步骤,制订详细的行动计划,包括时间节点、责任分配等,注意考虑实施过程中可能遇到的挑战及应对措施。

5. 资源需求与配置

明确解决方案实施所需的各种资源(人力、物力、财力等),并评估现有资源,提出资源获取或调配的方案。

6. 风险评估与管理

识别解决方案实施过程中可能遇到的风险,对风险进行评估,制定风险应对策略和预案。

7. 效果评估与监控

设定解决方案实施效果的评估标准和指标,制定评估方法和流程,确保评估的公正性和客观性,建立监控机制,定期跟踪和评估解决方案的实施效果。

8. 持续改进与优化

根据评估结果和反馈意见,提出改进和优化建议。鼓励持续学习和创新,不断优化解决方案,以适应变化的需求和环境。

 **典型案例**

某公司关于提升企业员工工作效率的解决方案

1. 问题概述与背景分析

现状:近期,公司发现员工工作效率普遍下降,项目延期现象增多,影响了整体业务进度和客户满意度。

重要性及紧迫性:提升员工工作效率是确保公司项目按时交付、提升市场竞争力、增强客户信任度的关键。因此,此问题亟待解决。

原因分析:通过调研,发现工作效率下降的原因主要包括工作流程不畅、技能水平参差不齐、沟通协作不畅等。

2. 目标设定

目标:在接下来的一个季度内,将员工平均工作效率提升30%,具体表现为项目完成时间缩短、错误率降低、客户满意度提升。

预期效果:提升公司整体运营效率,降低成本,增强市场竞争力,为公司的长期发展奠定坚实基础。

3. 解决方案的核心策略

优化工作流程:通过流程再造,减少冗余环节,提高流程效率。

提升员工技能:开展针对性培训,提升员工专业技能和综合素质。

加强沟通协作:建立高效沟通机制,促进部门间和团队内的协作与信息共享。

4. 实施步骤与行动计划

实施步骤：

成立专项小组，负责解决方案的制定和实施。

进行流程梳理，识别并优化瓶颈环节。

制订培训计划，明确培训内容、时间和方式。

引入沟通工具（如企业社交软件等），建立沟通机制。

行动计划：

第1周：成立专项小组，完成问题调研和需求分析。

第2~4周：完成流程优化方案，并开始试点实施。

第5~8周：开展员工培训，确保每位员工都能掌握新技能。

第9~12周：全面推广优化后的流程和沟通机制，评估实施效果。

5. 资源需求与配置

资源需求：人力资源（专项小组成员、培训师）、技术资源（沟通工具）、时间资源、财务资源（培训费用、工具采购费用）。

资源配置：根据公司实际情况，合理调配资源，确保解决方案的顺利实施。

6. 风险评估与管理

风险识别：员工抵触变革、流程优化失败、培训效果不佳等。

风险评估：对每项风险进行概率和影响评估，确定优先级。

风险应对策略：加强沟通，让员工了解变革的必要性和好处；设立反馈机制，及时调整优化方案；定期进行培训效果评估，确保培训质量。

7. 效果评估与监控

评估标准：项目完成时间、错误率、客户满意度等。

评估方法：通过问卷调查、访谈等方式收集数据，进行量化评估。

监控机制：建立定期报告制度，每月向管理层汇报实施进展和效果评估结果。

8. 持续改进与优化

改进建议：根据评估结果和反馈意见，不断调整优化方案，确保长期效果。

持续学习：鼓励员工参与行业交流，学习最新技术和管理理念，不断提升自身能力。

二、制订解决方案的原则

1. 目标导向原则

制订解决方案应始终围绕明确的、可衡量的目标进行。这意味着在解决问题之前要清晰定义期望达到的结果或状态。

（1）明确目标。确保所有团队成员对目标有共同的理解，包括目标的定义、重要性、优先级以及衡量标准。

（2）针对目标。提出的解决方案都应直接针对问题本身，旨在实现预定目标。

（3）持续调整。随着项目的进展，根据实际情况对目标进行调整，确保解决方案始终与目标保持一致。

2. 可行性原则

解决方案在现有资源、技术、时间等条件下应可执行。

（1）资源评估。在提出解决方案之前，评估可用的资源，包括人力、物力、财力等，确保解决方案在资源上的可行性。

（2）技术评估。充分考虑当前的技术水平，确保解决方案在技术上可行。

（3）风险评估。识别并评估解决方案执行中可能面临的风险，制定应对措施，确保风险可控。

3. 创新性原则

制订解决方案时应采用新颖的思路和方法，以提供独特、有效的解决方案。

（1）思维拓展。打破传统思维框架，尝试从新的角度和维度思考问题。

（2）技术应用。关注新技术、新方法的发展，将其应用于解决方案中。

（3）鼓励创新。建立鼓励创新的组织文化，为团队成员提供创新的空间和机会，激发团队的创造力和活力。

4. 协同性原则

强调制订解决方案时，应考虑不同利益相关者之间的协同合作，以实现共同的目标。

（1）利益相关者分析。识别并分析解决方案涉及的利益相关者，包括内部员工、客户、合作伙伴等，了解他们的需求和期望。

（2）建立合作机制。建立有效的合作机制，促进不同利益相关者之间的沟通和协作，共同解决问题并实现目标。

（3）平衡各方利益。制订解决方案时应平衡各方利益，确保解决方案既能满足内部需求，又能符合外部利益相关者的期望。

5. 可持续性原则

解决方案在实施后应能长期、稳定地发挥作用，对环境、社会和经济产生积极影响。

（1）长期效益。考虑解决方案的长期效益，而不仅仅是短期效果，确保解决方案能够在未来持续发挥作用。

（2）环境影响。关注解决方案对环境的影响，采取环保措施减少污染和浪费。

（3）社会责任。履行企业的社会责任，关注解决方案对社会的影响，积极承担社会责任。

三、注意事项

1. 明确与细化问题

细化问题的具体表现、影响范围及关键要素，确保准确理解问题，避免基于错误或片面信息制订方案。

2. 深入分析与评估

分析问题根源、成因及相关因素，包括内外部因素；评估紧急程度和重要性，确定解决方案优先级；评估解决方案的可行性，包括技术、资源、操作等方面；考虑实施难度、成本效益比及潜在风险。

3. 注重目标导向与实用性

设定清晰、可量化的目标，与组织或项目的整体战略保持一致。鼓励创新，但要避免盲目追求新技术或新方法，忽略实际需求，确保解决方案的实用性和可操作性。

4. 详细规划与风险管理

制订详细的实施计划，包括时间表、责任分配、资源需求等，明确每个阶段的预期成果和检查点，确保解决方案按计划推进实施。建立风险监控机制，识别潜在风险和挑战，制定风险应对策略和预案，定期评估风险状况并采取相应措施。

学习单元2　制订解决方案的行动计划

一、行动计划的主要内容

行动计划是确保创业或咨询项目顺利进行的指导蓝图。它详细描述了项目从启动到完成的整个过程，并明确了各个阶段的主要任务和里程碑。一份全面的行动计划应包括目标设定、时间安排、资源需求、责任人、协作方式、风险管理、调整机制和监控与评估等方面。

1. 目标设定

（1）明确性。目标应具体、可衡量，以便团队成员能够明确预期成果。

（2）可达成性。目标应具有挑战性且可实现，避免设定过高或过低的目标。

（3）时限性。为每个目标设定明确的完成时间，以确保项目按计划进行。

2. 时间安排

（1）项目时间表。制定详细的项目时间表，包括各个阶段的开始和结束时间。

（2）关键节点。确定项目中的关键节点，如里程碑、审查点等，以确保项目按计划进行。

（3）灵活性。为可能出现的问题和延误预留一定的缓冲时间。

3. 资源需求

（1）人力资源。明确项目所需的人员数量和技能要求。

（2）物质资源。列出项目所需的设备、软件、场地等。

（3）财务资源。估算项目成本，包括人员工资、设备采购费用、差旅费等。

4. 责任人

（1）明确职责。为每个任务或阶段指定明确的责任人，确保任务得到有效执行。

（2）团队协作。鼓励团队成员之间协作和沟通，共同解决问题。

5. 协作方式

（1）沟通机制。建立有效的沟通机制，如定期会议、电子邮件、即时通信工具等，以确保信息畅通。

（2）任务分配。根据团队成员的技能和经验合理分配任务，确保项目顺利进行。

6. 风险管理

（1）风险识别。识别项目中可能存在的风险，如技术难题、市场变化等。

（2）风险评估。对识别出的风险进行评估，确定其可能性和影响程度。

（3）风险应对。制定应对策略，如备用方案、风险转移策略等，以减轻风险对项目的影响。

7. 调整机制

（1）灵活性。保持计划的灵活性，以便在需要时进行调整。

（2）反馈机制。建立反馈机制，收集团队成员和利益相关者的意见和建议，以便及时调整计划。

8. 监控与评估

（1）进度监控。定期监控项目进度，确保按计划进行。

（2）质量评估。对项目成果进行质量评估，确保符合预期要求。

（3）持续改进。根据监控和评估结果及时调整计划，以实现持续改进。

 **相关链接**

如何精准分配责任人

一、了解任务需求

深入分析每个任务的具体需求，包括任务的性质、复杂度、紧急程度等。确定任务所需的技能、经验和知识。

二、评估团队能力

对团队成员的能力、经验和专长进行全面评估。

了解团队成员的可用性和时间安排。

三、匹配能力与任务

根据团队成员的能力和任务需求进行匹配，确保每个任务都分配给最适合的成员。

考虑团队成员的兴趣和动力，以提高他们的积极性和参与度。

四、明确责任边界

为每个任务或子项目设定明确的责任边界，避免任务重叠或责任不清等情况。

确保每位责任人都清楚自己的职责和权限，以及与团队其他成员的协作关系。

五、建立备份计划

考虑到人员变动或不可预见的情况，为每个关键任务设立备份责任人，确保在需要时，备份责任人能够迅速接手任务并保持项目进度。

六、鼓励团队协作

在分配责任时，鼓励团队成员之间的协作和沟通。

建立定期的团队会议或沟通机制，以促进信息共享和问题解决。

七、持续监控和调整

在项目执行过程中，持续监控任务进度和责任人的表现。

发现某位责任人无法按时完成任务或任务分配不合理时，应及时调整责任人。

八、反馈与激励

定期向责任人提供任务完成情况的反馈，包括成绩、问题和改进建议。

根据任务完成情况和责任人的表现，给予适当激励和奖励，提高积极性。

通过以上步骤，可以在行动计划中精准分配责任人，确保每个任务都分配给最适合的团队成员，提高项目的执行效率和成功率。

二、制订行动计划的步骤

1. 分析解决方案的行动需求

在启动行动计划之前，首要任务是深入理解项目或咨询任务的核心需求。这涉及对现状的深入剖析，包括识别存在的问题、机会或挑战。通过收集数据、进行市场调研、与利益相关者沟通等方式，创业指导师可以获得对问题或机会的全面理解，并在此基础上确定需要采取哪些行动来解决问题或抓住机会。

2. 设定行动计划的具体目标

具体目标应该与行动需求紧密相连，并且是可衡量、可达成和有时限的。通过 SMART 原则（具体、可衡量、可达成、相关性和时限性）来设定目标，可以确保创业指导师的行动计划具有明确的方向和可衡量的标准。同时，将总体目标分解为若干阶段性目标，有助于创业指导师更好地监控进度和调整计划。

3. 制订行动计划的时间安排

包括确定项目的启动日期、关键节点、里程碑以及结束日期。时间安排应该合理、可行，并考虑到可能出现的问题和延误。为了确保项目的顺利进行，创业指导师还需要为关键节点设定明确的完成标准，并定期对进度进行监控和调整。

4. 确定资源需求和分配

资源是实现目标的关键因素。制订行动计划时，创业指导师需要明确所需的资源类型和数量，包括人力资源、物质资源和财务资源等。通过对资源需求的详细分析，创业指导师可以确定哪些资源是内部可用的，哪些需要外部获取，并根据项目的实际情况和进度合理分配资源，确保资源的有效利用。

5. 明确责任人和协作方式

为了确保行动计划的有效执行，创业指导师需要明确各个任务或阶段的责任人，并确定他们之间的协作方式。创业指导师需要建立有效的沟通机制和协作流程，促进团队成员之间的信息共享和知识传递。

三、注意事项

1. 明确目标

在制订行动计划前，明确的目标是成功的关键，包括明确项目的具体目标、期望的成果以及衡量成功的标准，有助于团队成员集中精力，避免偏离方向，并在项目过程中提供指导。

2. 时间管理

有效的时间管理是确保行动计划按时完成的关键。这需要制订详细的项目计划，包括每个阶段的时间表、关键里程碑和截止日期。同时，要确保团队成员了解他们的任务和时间限制，并鼓励他们高效地利用时间。

3. 风险管理

制订行动计划时，创业指导师要清楚在创业和项目执行过程中，风险管理是不可或缺的。这需要识别潜在的风险因素，如市场变化、技术难题、资金短缺等，并制定相应的应对策略。通过预测和应对风险，可以减少项目失败的可能性，并提高项目的成功率。

4. 协作与沟通

团队协作与沟通是项目成功的基石。这需要建立有效的沟通渠道，确保团队成员之间能够及时、准确地传递信息。同时，要鼓励团队成员分享想法和意见，促进团队成员之间的合作和协调。

5. 反馈与调整

项目执行过程中需要不断收集反馈信息,并根据反馈信息进行调整。这有助于及时发现并解决问题,确保项目按照既定的方向推进。同时,通过不断调整和优化,可以提高项目的执行效率和成功率。

6. 监控与评估

监控与评估是确保项目按照计划执行的关键。这需要定期评估项目进度、质量、成本等方面的情况,并与计划进行比较。通过监控与评估,可以及时发现潜在的问题和偏差,并采取相应的措施进行调整。

7. 保持灵活性

制订行动计划时,保持灵活性是非常重要的。由于外部环境和内部条件的变化,可能需要调整项目计划、任务分配或资源投入。因此,要保持开放的心态,灵活应对各种变化,以确保项目顺利进行。

8. 考虑所有利益相关者

制订行动计划时需要考虑所有利益相关者的需求和利益,包括客户、合作伙伴、供应商、员工等。通过了解并满足他们的需求和利益,提高项目的成功率和满意度。

9. 持续学习与改进

在创业指导项目执行过程中,持续学习和改进是不断前进的动力。这需要不断总结经验教训,学习新的知识和技能,以提高团队的能力和执行效率。同时,要鼓励团队成员提出改进意见和建议,促进项目的持续优化和发展。

 **典型案例**

甲企业员工培训与绩效管理问题改进行动计划

甲企业近年来各项业务均快速发展,但随着业务规模的扩大,员工培训与绩效管理方面逐渐暴露出一些问题。为了提升企业竞争力和员工满意度,特制订本行动计划,旨在详细分析问题产生的原因,并提出具体的改进措施。

一、现有问题分析

1. 员工培训问题分析

培训内容与实际工作需求脱节,导致员工在工作中无法有效应用所学知识。

培训方式单一,缺乏互动性和针对性,员工参与度低。

培训后缺乏有效的跟踪和评估机制,无法衡量培训效果。

2. 绩效管理问题分析

绩效考核标准不明确,导致员工对考核结果产生疑惑和不满。

绩效管理过程缺乏透明度和公正性,员工对考核结果缺乏信任。

绩效反馈机制不健全,员工无法及时了解自身工作表现并获得改进建议。

二、行动计划

1. 目标设定

提高员工培训满意度至85%以上。

提升绩效管理效率20%,减少考核误差率至5%以下。

在一年内完成上述目标,并持续跟踪改进效果。

2. 时间安排

项目启动阶段(1个月):组建项目团队,明确职责分工,进行现状调研和分析。

问题分析与方案制定阶段(2个月):深入分析员工培训与绩效管理问题,制定改进方案。

实施阶段(6个月):按照方案进行员工培训与绩效管理改进实施。

评估与调整阶段(3个月):对实施效果进行评估,根据反馈进行方案调整和优化。

3. 资源需求

人力资源:组建由培训专员、绩效管理员、人力资源部门负责人等组成的项目团队。

物资资源:培训所需设备、软件、场地等。

财务资源:预算包括培训材料费、软件采购费、员工激励奖金等,总额预计为×××万元。

4. 责任人

培训改进负责人：培训专员，负责培训内容的更新和优化。

绩效管理改进负责人：绩效管理员，负责绩效考核标准的制定和实施。

项目总负责人：人力资源部门负责人，负责整体项目的进度跟踪和协调。

5. 协作方式

建立定期会议机制，每周召开项目团队会议，汇报进度和解决问题。

使用电子邮件和即时通信工具进行日常沟通和文件共享。

根据团队成员的技能和经验合理分配任务，确保项目顺利进行。

6. 风险管理

风险识别：可能遇到的风险包括员工抵触情绪、技术实施难题等。

风险评估：对每项风险进行可能性和影响程度的评估。

风险应对：制定应对策略，如提前与员工进行沟通、制定备选技术方案等。

7. 调整机制

保持计划的灵活性，根据项目进展和反馈进行适时调整。

建立员工反馈机制，收集员工对培训与绩效管理的意见和建议。

8. 监控与评估

定期监控项目进度，确保按计划进行。

对培训与绩效管理质量进行评估，通过员工满意度调查、绩效考核数据对比等方式衡量改进效果。

根据监控和评估结果，及时调整计划，以实现持续改进。

培训课程 3 方案执行指导

学习单元1 培训服务对象

方案执行过程中，需对服务对象进行培训，这里的服务对象主要指企业内部执行项目改进的相关人员，既可能是全体员工，也可能是某些管理人员。

一、培训服务对象的意义

1. 保障项目顺利实施

（1）促进跨部门的沟通协作。企业在启动改进项目时，首先要进行内部宣传，让全体员工都知道企业启动了改进项目，因为绝大部分的项目实施都需要进行跨部门的沟通协作。

（2）形成相同的工作语言。通过培训帮助大家快速形成相同的工作语言，在具体执行过程中使内部的横向沟通、纵向协作更加顺畅。

2. 掌握改进项目所需的知识与技能

通过培训，服务对象能够掌握实施企业改进方案所需的相关知识与技能，并将其运用到实际的企业改进过程中。例如，企业应如何收集员工的合理化建议，如何进行跨部门的沟通协作，如何进行内部工艺流程优化等。

3. 增强问题识别能力

培训能帮助服务对象更好地识别企业的瓶颈与不足，从而明确改进方向。他们将学会运用科学的方法分析现状，找出问题的根源，并制订有针对性的解决方案。

4. 提高团队的执行力

培训内容聚焦如何有效执行改进方案，包括时间管理、资源配置、目标设定和绩效追踪等管理技巧，确保改进方案落地实施并取得实际效果。

二、实施培训

在指导企业改进方案落地实施的过程中，培训需要有针对性、实效性，这有别于日常开展的通用型培训。这里的培训旨在让企业的相关人员具备实施改进方案的关键能力，推动企业改进方案的落地。

1. 围绕改进方案设定培训目标

（1）梳理实际需求，全面了解所服务的企业现状、与改进方案之间的资源差距。通常包括以下步骤：

1）组织分析。根据拟定的企业实施方案，评估组织的战略目标和培训如何支持这些目标。

2）任务分析。确定完成方案任务所需的知识与技能。

3）人员分析。了解企业员工当前的技能水平和学习需求与方案实施之间的差距。

这部分的需求分析主要结合企业调研进行，并应落实到行动计划中。在此过程中会遇到一些常见问题，如需求分析可能过于表面或不全面等，这就需要使用多种数据收集方法，如邀请人力资源部门配合，为员工发放在线问卷、组织内部的关键人员访谈、进行工作现场的基线走访、观察和分析历史数据等，创业指导师可有效利用问卷分析模板、任务分析清单等常见工具来提高需求分析的效率。

（2）设定培训目标。创业指导师根据上述需求分析的结果，结合改进方案的性质和要求，为企业设定切实可行的培训目标。如结合企业的实际需求，提高一线员工某方面技能，普及改进项目所需的知识体系或教会企业使用改进工具等。培训目标的设定应遵循 SMART 原则。如果不是由创业指导师直接为企业实施培训，则应该提前与负责授课的专家沟通具体的培训目标。

2. 实施方案的课程设计与内容开发

实施方案的课程设计是指将企业的需求分析结果转化为具体实施方案的具体培训内容。负责授课的创业指导师应结合企业的培训目标，设计针对性强的培训课程框架。授课内容需紧紧围绕企业的培训目标来设计。例如，改进方案中提出企业招聘困难、人员流失严重，这些问题是由于一线的年轻管理人员不懂得如何对员工进行日常管理所导致的。针对此情况,方案提出,创业指导师需与企业人力资源部门的同事进行沟通,进一步明确企业的实际状况和需求,如沟通的结果是需提升一线业务负责人的面试能力和带人能力,那么,就需要一线部门管理人员也参与到新员工面试及入职培训过程中,以便增强招聘的有效性和入职培训的落地性。基于此,培训内容就可以设计为针对各业务一线管理层进行"非人力资源的人力资源管理",以解决企业招聘难和用工难的问题,让一线管理者既懂业务,也懂识人知人用人,解决企业的实际难题。

企业培训课程应形式多样,设计包括学习地图、工作坊、案例分析、实操练习等多个环节。例如,上述课程中的面试问题,就应设计员工招聘面试技巧,通过角色扮演和情景模拟,帮助一线管理层掌握基本的结构化面试技巧。同时,在培训内容的开发过程中,应充分结合企业实际情况,包括但不限于通过现场访谈、经验萃取、案例收集等方式,编写出具有针对性和实用性的培训教材、资料,如演示文稿、视频教程、萃取案例集、实操工具包等。

3. 实施方案的师资团队组建

通常情况下,为企业提供改进方案的师资不一定能够提供企业的现场培训,而能够提供现场培训的师资也不一定具备提供企业改进方案的能力。因此,选择具备丰富实践指导经验且能有效传授知识的内部或外部专家作为讲师是一件不容易的事情。大多数情况下,讲师的角色如果要由参与指导咨询项目的创业指导师承担,则需要确保讲师团队对改进方案有深入理解,并能够将复杂理论转化为企业相关人员易于接受和实践的内容。如前面提到的,如果需要在企业开展"非人力资源的人力资源管理",则负责授课的讲师应是具备丰富的人力资源管理经验,熟练讲授过该课程的专业师资,以确保能够满足课程所需。而针对这一类培训,企业的内部讲师往往缺乏专业教学经验,所以很多企业更倾向于邀请外部讲师实施培训。

4. 培训计划安排

通常情况下,企业内部培训最常出现的问题就是时间安排与工作冲突,所以,培训需求调研中可以提供灵活的培训选项,如在线学习或分批次培训,以保障培训计划能够顺利推进。

负责培训的师资应该协同企业的人力资源负责人或者培训负责人,共同制订详细的培训时间表,包括培训周期、课程时长、授课方式(线上/线下)、地点等要素,选择适合的培训时间,确保参训的学员在课程前后均有足够的自我消化和实践机会。选择培训地点时，要确定适合的培训场地，考虑空间、设备和可达性，所以，此类培训通常会放在企业内部的会议室进行。但是，在企业内部会议室培训往往会被各种日常工作事务所干扰，所以，企业需要通过邮件或者公告的形式，提前告知相关人员培训日程安排，包括每个环节的时间和内容，确保培训期间不被会议或者各种临时的接待事务等所干扰。此外，还要确保培训场地不被临时更换。

5. 培训实施与互动交流

按照预定计划启动培训项目，在培训开始的当天召开"培训启动会"，邀请企业负责人，如总经理等，出席启动会，以显示对培训的重视。同时，通过企业网站、微信公众号等网络平台对培训进行宣传造势，营造积极的培训氛围。在培训实施过程中，通过多种教学方法确保学员踊跃参与。鼓励学员提问并分享经验，讲师适时答疑解惑。培训实施阶段是培训流程中最关键的部分，需要讲师通过引人入胜的开场介绍激发学员兴趣。在培训过程中鼓励学员参与讨论和活动，促进知识共享。随时关注学员对于课程的反应与评价，必要时可调整教学方法。不仅要加强课程中的互动学习，课程结束以后，还可针对培训过程中的精彩瞬间、成果产出等制作成果案例集，展示企业的培训成果。若需参考同行企业的成功经验，还可建议企业去同行的标杆企业参访，进一步提升自身的管理水平和专业能力。例如，企业想拓展互联网营销或者直播电商业务，就可以积极探寻此类优秀企业的做法，去相关企业参访，学习先进经验。

当然，在企业培训过程中，可能会有部分学员不愿意参与到互动中，特别是一些年龄大或者在企业中资历较深的老员工。这就需要讲师能够创造安全和支持性的环境，打消学员心中的疑虑。

6. 考核与反馈机制设立

考核与反馈是评估培训效果和持续改进的关键环节。培训中应建立及时有效的反馈机制，如通过"每日意见反馈表"或"培训结束评估表"等来收集学员对培训效果的意见和建议，以便持续优化和完善培训内容。

创业指导师应设计合理的考核机制，根据培训目标，通过课堂测试、演示或小组项目等方式进行考核，以此评估学员的学习成果。

此过程常见的问题是考核可能无法全面反映学员的学习成果，所以创业指导师可以使用多元化的考核方法进行多维度的考核，以全面反映学员对于知识和技能的掌握程度。

7. 跟踪辅导与成果应用

跟踪辅导与成果应用是确保培训效果持久性的关键环节。培训结束后，创业指导师应继续关注学员在实际工作中运用所学知识的情况，提供必要的跟踪指导和支持，鼓励学员将培训所得应用于企业改进方案的实际操作中，定期评估改进效果，推动企业的持续发展。此过程中的持续跟踪难度较大，所以应教会学员使用自动化工具定期检查。

针对服务对象提供培训，要确保整个培训流程从规划到实施都围绕着提升企业改进方案执行能力这一核心目标展开，并根据实际情况灵活调整培训策略，确保培训效果最大化。

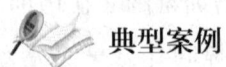
典型案例

ABC 制药公司的质量管理培训

ABC 制药公司已创立 5 年，致力于研发和生产高质量的药品。近两年，公司的销售额出现了严重下滑，销售的药品也遭遇客户频繁投诉。ABC 公司聘请了创业指导服务团队进行指导，希望能够改变现状。经过前期走访和调研，指导团队发现，由于行业监管的加强和市场竞争的加剧，ABC 公司面临着提高产品质量和生产效率的双重压力。经过与企业讨论相关改进方案，ABC 公司决定先落地实施一项全面的质量管理培训计划。

企业当前面临的挑战主要包括：员工对质量管理的理解和重视程度不一，导致生产过程中出现质量问题；生产线员工缺乏必要的质量控制技能，无法有效识别和预防生产缺陷；质量管理部门与生产部门之间沟通不畅，导致质量问题的响应和解决不够及时；高层领导对质量管理的重视程度不够，缺乏足够的资源和支持。

基于此，创业指导服务团队设定了如下培训目标：通过培训提高全体员工对质量管理的认识和重视，培养生产线员工的质量控制技能，加强质量管理部门与生产部门之间的沟通和协作，获取高层领导的支持和资源投入。

创业指导服务团队通过问卷调查、现场观察和历史数据分析，收集员工对质量管理的理解和培训需求，设计出包含质量管理理念、质量控制工具、生产过程控制、沟通技巧和团队合作等内容的培训课程。同时，选择内部质量管理专家和外部培训顾问组成讲师团队，分阶段、分批次地对员工进行培训，确保每位员工都能掌握必要的技能。在培训过程中鼓励员工提问和讨论，增强员工的参与感和归属感。培训结束后，通过考核了解员工的学习成果，收集反馈意见以优化后续培训。

针对不同的服务对象，培训的重点也不一样。在全员质量管理培训中，对全体员工进行质量管理的基础培训，包括质量的重要性、质量管理的原则和工具等。而生产线员工技能培训，则针对生产线员工进行质量控制技能的培训，如统计过程控制、故障排除和问题解决等。对于质量管理部门的员工，进行的是高级质量管理工具和技术的培训，如六西格玛、风险管理和质量改进项目等。而沟通和协作培训，则面向质量管理部门和生产部门的员工，通过沟通技巧和团队合作的培训，以提高跨部门协作的效率。

培训取得了丰硕成果：员工对质量管理的认识和重视程度显著提高，生产过程中的质量问题明显减少，生产线员工掌握了必要的质量控制技能，能够更有效地识别和预防生产缺陷。质量管理部门与生产部门之间的沟通和协作得到加强，质量问题的响应和解决更加及时和有效。高层领导对质量管理的重视程度提高，为质量管理培训改进项目提供了更多的资源和支持。

随着员工技能水平的提升和跨部门协作的加强，ABC制药公司的产品质量和生产效率显著提高，客户满意度和市场份额也有所增加。企业还决定定期组织复习课程和进阶培训，以应对不断变化的质量管理要求。

通过以上案例，我们看到了培训服务对象在企业质量管理改进方案中的重要作用。通过有针对性的培训，ABC制药公司不仅提升了员工的技能，还促进了组织变革，提高了整体的竞争力。

从ABC制药公司案例中，我们可以总结出以下经验。

一是，全员参与至关重要。质量管理需要全员参与，每位员工都应该对质量负责。

二是，技能培训是基础。生产线员工的质量控制技能是保证产品质量的关键。

三是，沟通和协作很重要。跨部门之间的沟通和协作对于及时响应和解决质量问题至关重要。

四是，领导的支持和资源投入是成功的关键。高层领导的支持和足够的

> 资源投入是培训成功的重要保障。
>
> 五是，持续改进是必要的。在不断变化的市场环境中，持续地培训和改进是必要的。

三、培训服务对象的注意事项

1. 目标导向与内容针对性

正如前文提到，企业一线管理者需要具备识人知人用人的能力，因此，培训的内容需要紧密围绕改进方案的目标和需求设计。现在企业很关注"00后"员工的招聘和管理，在培训内容中就需要结合大量的实际案例和经验分享进行教学，避免空泛和不切实际的内容。而针对不同工作岗位和部门的管理者，在案例中还要兼顾学员的不同背景和层次，提前收集学员情况，开发的课程既要有针对性，又要分层次，明确是针对一线管理者还是针对中层管理者等，确保每位学员都能从中获益。

2. 互动有效、理论结合实践

鼓励学员积极参与讨论、案例分析、角色扮演等活动，以提高他们的主动性和参与度。创造轻松活跃的教学氛围，让学员敢于提问和分享经验，提升学习效果。在讲解理论知识的同时，注重与实际操作相结合，给出具体的场景示例和解决方案，如如何对应届高校毕业生进行有效的面试，学会用"00后"习惯的语言进行对话等，安排实战模拟或项目实操环节，让学员有机会将所学应用于实践中。

3. 反馈机制与持续改进

建立有效的评估和反馈机制，定期收集学员对课程内容、教学方法等方面的建议和意见，及时调整教学策略。对学员的学习进度和成果进行跟踪评价。例如，针对上述培训内容，创业指导师需要在培训后与人力资源部门的负责人进行沟通，了解学员学以致用的实际效果，并根据效果为学员提供个性化的辅导和支持。

4. 保持专业度与公正性

保持自身的专业知识更新，确保传递的信息准确无误，树立良好的职业形象。公正地对待每一位学员，避免因个人偏好影响教学效果，公平地给予指导和帮助。

学习单元 2　调整行动计划

一、调整行动计划的原因

1. 内部问题

企业在实施行动计划过程中可能会暴露出组织结构、人员配置、流程管理等方面的不足，需要通过调整行动计划来改进内部管理效率和效果。

2. 方案问题

行动计划实施一段时间后，通过数据分析和项目评估发现某些目标未按预期实现或者成果低于预期，此时需根据实际情况调整策略，确保目标达成。

二、调整行动计划的方式

创业指导师可采用非正式建议和正式建议两种方式提出行动计划的调整建议。非正式建议方式通常包括口头建议，如在会议中直接和与会者进行沟通，并指出应调整的相关内容等；正式建议方式包括通过书面邮件、提交正式改进建议方案，或者与企业高管进行正式会谈等。

典型案例

EFD 制造公司精益生产改进方案调整

EFD 制造公司是一家大型汽车零部件生产商，为了提高生产效率和降低成本，公司聘请创业指导服务团队制定了一套精益生产改进方案。该方案包括减少生产过程中的浪费、优化供应链管理、引入自动化设备等关键措施。然而，在实施过程中，创业指导服务团队发现，一线员工的积极性和参与度不高，甚至有抵触情绪。执行过程中听到员工抱怨订单减少、收入降低等。基于此，创业指导师团队及时与公司高层进行了面谈，反映了方案执行中遇到的实际情况，表达了对改进方案执行效果的忧虑。

通过沟通，创业指导服务团队发现，最近该公司遇到了意料之外的挑战，这些挑战都是在方案执行过程中逐步出现的，总结起来主要有以下四项：一是全球供应链中断，导致部分关键原材料短缺；二是部分员工对新引入的自动化设备有抵触情绪；三是市场需求突然变化，对某些产品的需求量减少；四是政府环保法规发生变化，对生产流程提出了新的要求。以上挑战是创业指导服务团队和企业高层都始料未及的，双方经过沟通和商讨，认为需要对行动计划进行调整。

他们在公司迅速建立了一个定期评估机制，每月审视一次改进方案的执行情况和遇到的挑战，然后在公司开展内部调研分析，挖掘影响方案执行的根本原因。通过市场分析、员工调研和法规研究，公司发现供应链问题、员工接受度、市场需求和环保法规是影响方案实施的关键因素，公司决定寻找替代供应商和本地供应商，建立多元化的供应链，以缓解供应链中断的影响。同时，加强对操作自动化设备的培训，提高员工对自动化设备的接受度，提升员工的操作技能，并且在日常工作中加强内部沟通，解释自动化带来的长远利益。最后，根据市场需求变化，灵活调整生产计划，减少低需产品的生产，增加高需产品的生产。引入新的环保技术，如废水处理系统和节能设备，以满足新法规的要求。

为了使行动计划能够顺利实施，公司专门举行了全员大会，解释调整行动计划的必要性，确保团队成员对变化有清晰的认识和共识。

通过上述调整，多元化的供应链减少了对单一供应商的依赖，提高了供应链的稳定性；经过培训和沟通，员工对自动化设备的接受度显著提高。灵活调整的生产计划更好地适应了市场需求的变化，使生产效率得到提高；引入的新环保技术帮助公司满足了新的法规要求，环保合规性增强。

通过这番调整，创业指导服务团队和公司高管都意识到在执行改进方案时需要考虑到外部环境的不确定性，并准备好应对策略，双方共同努力，才能确保方案的实施效果。

三、调整行动计划的注意事项

在方案执行过程中，方案的调整可能随时出现。创业指导师在帮助服务对象调整行动计划时，不仅需要对市场、技术和法规有敏锐的洞察力，还需要能够快速做出决策并引导团队有效执行。既要根据实际情况灵活变通，又要保持整个战略目标的一致性和连贯性，通过科学的方法和有效的沟通手段，确保整个企业能够在动态中不断优化自身的发展路径，落实行动计划，取得改进成果。以下是在调整行动计划时应注意的事项。

1. 定期评估与反馈

定期监控和评估行动计划的执行情况，收集关键指标数据，了解实际执行效果是否符合预期目标。及时获取来自企业内部员工、管理层及市场环境的反馈信息，以便准确判断计划的适应性和有效性。

2. 分析原因与识别变化

在发现行动计划未能达到预期效果或出现新的挑战时，要深入分析背后的原因，包括内外部环境的变化、资源分配不当、战略方向偏离等。识别并跟踪可能导致计划调整的关键因素，如市场需求变动、竞争格局变化、技术进步等。

3. 灵活应对与适度调整

根据实际情况及时作出针对性的调整，确保计划能够适应新的条件和要求，而不是盲目坚持原有的方案。调整过程中应保持灵活性，同时也要兼顾稳定性和连续性，避免频繁无序地改变战略方向。

4. 全员参与与形成共识

制订调整方案时应充分听取各部门意见，鼓励全员参与讨论，确保调整后的行动计划得到广泛的理解和支持，以减少不必要的内部阻力，提高行动执行效率。

培训课程 4 效果评估

学习单元1 设计效果评估指标和工具

一、效果评估指标

1. 财务指标

收入增长率：衡量企业在执行改进方案后收入的增加幅度。

利润率提升：比较改进前后的利润水平，看是否有明显改善。

成本降低率：分析成本控制成效，如运营成本、生产成本等是否有效减少。

投资回报率：评估投入产出比，看改进计划带来的收益是否超过投资成本。

2. 市场与客户指标

市场份额：考察企业在整个行业中的位置是否有所提高。

客户满意度：通过调查问卷等方式了解客户对企业产品或服务的满意程度和忠诚度变化。

新客户获取率及老客户留存率：反映改进计划对吸引新客户和保留现有客户的影响。

3. 人力资源指标

员工满意度与员工流失率：了解改进方案对员工工作满意度和稳定性的影响。

培训与发展成果：跟踪培训项目的完成情况以及员工技能的提升进度。

4. 内部运营指标

生产效率或周转率：如库存周转率、订单处理速度、生产线效率等，衡量企业运营过程中的效能提升。

项目完成时间或周期时间：评估项目从启动到结束所需的时间是否缩短，表明流程优化的效果。

决策速度与质量：通过决策的速度和正确性来评估组织内决策机制的改进情况。

二、效果评估工具

效果评估的工具有很多，以下列举常用的几种。

1. 绩效评价表

制定与改进目标紧密相关的关键业绩指标（Key Performance Indicator，KPI）体系，包括财务指标、客户满意度指标、运营效率指标等，并定期跟踪监测这些指标数据。

2. 项目管理软件

使用项目管理软件追踪关键里程碑的完成情况，以及各个阶段的时间和资源使用效率。

3. 调查问卷和访谈

设计并发放员工满意度调查问卷、客户满意度调查表等，或者进行一对一访谈，收集关于改进措施的主观反馈信息。

 小贴士

> 由于行业特性及企业差异，以上指标和工具仅供参考，并非适用于所有企业。具体的评估指标和工具还需要根据企业的具体情况、改进计划的目标以及企业所处的发展阶段进行定制。创业指导师应结合企业实际情况设定效果评估指标，并选取适合企业的效果评估工具。

三、效果评估指标和工具的设计方法

1. 数据统计法

数据统计法依赖于量化数据的收集和分析，以评估项目效果。这种方法特别适用于可以量化的指标，如财务表现、生产效率、客户满意度等。使用的具体步骤如下。

（1）确定可量化指标：选择与项目目标直接相关的量化指标。

（2）数据收集：通过数据库、财务报表、生产记录等方式收集数据。

（3）数据处理：清洗数据，确保准确性和一致性。

（4）数据分析：使用统计工具（如 Excel，SPSS）分析数据，识别趋势和模式。

（5）结果解释：解释数据分析结果，评估项目效果。

数据统计法优势是可以提供客观、可验证的结果，适用于长期趋势分析。但使用此方法需要可靠的数据来源，同时无法衡量难以量化的指标，如员工士气等。

2. 经验判断法

经验判断法依赖专家的知识和经验来评估项目效果。这种方法适用于那些不易量化的领域，如战略规划、组织文化等。使用的具体步骤如下。

（1）选择专家。确定具有相关经验和知识的专家。

（2）收集意见。通过会议、问卷或访谈收集专家的意见。

（3）意见整合。整合不同专家的意见，形成共识。

（4）结果分析。分析专家意见，评估项目效果。

使用经验判断法可以利用专家的深入见解快速评估项目效果，但是也可能受到专家个人偏见的影响，因此需要广泛的专家参与。

3. 访谈法

访谈法是指通过与利益相关者（如员工、客户、供应商等）的直接对话来收集定性数据。使用的具体步骤如下。

（1）确定访谈对象。选择能够提供有价值信息的访谈对象。

（2）设计访谈指南。制定访谈问题和引导性问题。

（3）进行访谈。通过电话、面对面或在线访谈收集信息。

（4）信息整理。记录和整理访谈内容。

（5）主题分析。识别访谈内容中的主题和模式。

访谈法可以提供深入的见解和理解，特别适用于评估人们的感受和态度，但是可能会受到访谈者个人风格的影响，而且数据整理和分析较为耗时。

在实际应用中，这三种方法往往不是单独使用的，而是相互补充，共同构成一个全面的评估体系。数据统计法提供量化证据，经验判断法提供专家见解，而访谈法则提供定性的深入理解。综合使用这些方法，创业指导师可以更全面、准确地评估企业改进项目的效果。

四、注意事项

1. 控制数量

（1）避免信息过载。如果评估工具和指标过多，可能会导致信息过载，使决策者难以快速把握最重要的信息。

（2）成本效益。过多的指标可能增加数据收集、分析和报告的成本。

（3）焦点清晰。限制指标数量有助于保持评估的焦点清晰，确保评估与企业的核心目标一致。

创业指导师可以根据企业实际情况，选择与企业战略紧密相关的少数关键绩效指标，也可使用平衡计分卡（涵盖财务、客户、内部流程、学习与成长四个维度），选择每个维度下的代表性指标。最后，利用潜在的评估指标对企业战略的重要性进行优先级排序。

2. 注意比率

（1）相对性分析。使用比率可以进行相对性分析，如成本效益分析，揭示不同业务部门或项目之间的效率差异。

（2）趋势识别。比率可以揭示企业绩效随时间变化的趋势，有助于预测未来表现。

（3）标准化。利用比率可以将不同规模或类型业务单元的绩效标准化，以便于比较。常用的比率包括：财务比率，如资产周转率、存货周转率、应收账款周转率等；运营比率，如生产周期时间、订单履行周期、员工生产效率等；市场比率，如市场份额、客户获取成本、客户留存率等。

3. 参考企业关键数据

（1）战略对齐。关键数据与企业战略紧密相连，可确保评估支持企业目标。

（2）数据可靠性。企业关键数据通常是经过验证的，故可靠性高，适合作为评估的基础。

（3）内部一致性。使用企业现有的关键数据可以保持评估过程的内部一致性。利用企业历史数据，可以了解业务的基线水平，识别并评估对企业成功至关重要的业务流程；与行业基准比较，评估企业在行业中的位置。

 **典型案例**

ABC 零售公司的库存管理改进项目评估

ABC 零售公司是一家大型零售连锁企业,为了提高库存管理效率和降低成本,公司高层邀请创业指导服务团队进行指导。创业指导服务团队通过现场调研和评估,建议该公司实施一项库存管理改进项目。该改进项目包括引入新的仓库管理系统、优化库存水平、改进供应链协调流程等。经过三个月的项目实施,现在需要对项目效果进行评估。评估的目的是衡量改进项目对库存周转率、库存准确率、供应链响应时间以及成本节约的影响。经过整体规划,创业指导服务团队联合企业相关管理人员组成了评估小组,共同开展项目评估,以下是评估情况。

一、评估流程

1. 明确评估范围

确定评估将覆盖所有仓库和供应链流程。

2. 设计评估指标

结合企业实际情况和需求,评估小组设计了 4 项评估指标:库存周转率(衡量库存销售和使用的效率),库存准确率(衡量库存记录的准确性),供应链响应时间(衡量从订单到交付的时间),成本节约(衡量项目带来的直接成本节约)。

3. 开发评估工具

使用销售数据和库存数据计算库存周转率,通过周期性库存盘点和系统数据对比得出库存准确率,通过记录从订单接收到发货完成的时间得出供应链响应时间,对比改进前后的成本数据得出成本节约情况。

4. 数据收集与分析

由专人收集改进项目实施前后的相关数据,使用统计分析软件对收集的数据进行分析,识别改进措施的影响。

5. 报告编写

评估小组编写改进项目的评估报告,包括关键指标的变化、成本节约的计算、员工和客户的反馈。

6. 反馈和改进

将评估结果反馈给管理层和相关部门,讨论进一步的改进措施。

二、评估工具和指标应用

在评估过程中,评估小组通过平衡计分卡(从财务、客户、内部流程、学习与成长四个维度评估项目影响)、关键绩效指标(KPI)收集相关数据;通过向员工和客户发放问卷,收集他们对改进项目的看法,并且对关键员工和管理层进行访谈,深入了解项目对企业的影响。使用根本原因分析(Root Cause Analysis,RCA)工具识别问题的根本原因,使用项目管理软件跟踪项目进度和资源使用情况,最后使用 Excel 的统计分析功能,对收集的数据进行深入分析。

三、评估结果

经过评估发现,该公司的库存周转率从 5 次/年提升至 6 次/年;库存准确率从 95% 提升至 98%;供应链响应时间平均缩短了 15%。成本节约超出了预期,预计年度成本节约可达 750 万元。公司高管对此非常满意。

通过详细的评估流程和工具,ABC 零售公司能够准确衡量库存管理改进项目的效果,并据此做出进一步的改进决策。

这个案例展示了创业指导师如何指导企业通过系统的方法和工具来评估企业改进项目的效果,为企业提供了持续改进和决策支持的依据。

此外,在 ABC 零售公司的库存管理改进项目中,还可以这样应用三种方法:数据统计法,收集库存水平、库存周转率、供应链响应时间等量化数据,分析改进措施对这些指标的影响;经验判断法,邀请物流和供应链管理专家,根据他们的经验和知识,评估改进措施的长期可行性和潜在影响;访谈法,对仓库管理人员、采购人员和销售人员进行访谈,了解他们对改进措施的看法,评估项目对工作流程和团队士气的影响。通过这种综合方法,创业指导师可以为企业提供一份全面、深入的评估报告,帮助企业理解改进项目的综合效果,并为未来的改进提供指导。

同时,关注以下问题:第一,控制数量,选择如库存周转率、库存准确率等少数几个关键指标,而不是一大堆次要指标;第二,注意比率,计算库存周转率(销售成本/平均库存),并与改进前的数据进行比较,识别变化趋势;第三,参考企业关键数据,使用企业的历史库存数据和销售数据,结合行业基准，评估改进措施的效果。通过这种方式，创业指导师可以为企业提供一个既精简又深入的评估体系，帮助企业有效衡量改进项目的效果，并为未来的决策提供数据支持。

学习单元2　编写执行效果评估报告

一、编写执行效果评估报告的步骤

1. 步骤一：收集企业执行数据

收集企业执行数据是为了收集与企业改进项目相关的所有定量和定性数据，以评估项目的效果。具体步骤如下。

（1）确定数据需求。明确评估报告所需的数据类型和数据来源。

（2）设计数据收集工具。根据数据需求设计问卷、访谈表、观察记录表等工具。

（3）实施数据收集。通过问卷调查、一对一访谈、小组讨论、现场观察等方式收集数据。

（4）收集现有数据。从企业的信息系统中提取相关的财务数据、生产数据、销售数据等。

（5）记录和整理反馈。收集员工、客户、供应商等利益相关者的反馈。

（6）数据验证。确保收集的数据准确无误，必要时进行数据清洗。

（7）数据存储。将收集到的数据存储在安全的数据库或文件系统中。

此过程中要确保数据的隐私性和保密性，获取必要的数据收集许可和授权等，避免未来与企业产生不必要的纠纷。

2. 步骤二：整理数据

整理数据是指对收集到的原始数据进行整理和分析，为报告编写提供结构化信息。具体步骤如下。

（1）数据分类。将数据按照项目目标、业务流程、时间序列等维度进行分类。

（2）数据清洗。检查数据的完整性和一致性，删除或修正错误的数据。

（3）数据汇总。对数据进行汇总，形成可以分析的格式。

（4）数据分析。使用统计分析方法对数据进行分析。

（5）结果解释。解释数据分析的结果，识别项目执行中的关键发现。

（6）图表制作。制作图表和图形，直观展示分析结果。

（7）撰写分析摘要。撰写数据分析摘要，为报告编写提供基础。

此过程中需注意使用合适的数据分析工具和方法，并且确保分析结果的准确性和可靠性。

3. 步骤三：编写评估报告

将收集和分析的数据整理成一份正式的报告，全面评估企业改进项目的效果。其主要编写流程如下。

（1）撰写引言。介绍评估报告的背景、目的和范围。

（2）介绍评估方法与指标体系。描述评估所采用的方法和指标体系。

（3）收集与分析数据。详细说明数据收集和分析的过程。

（4）评估改进效果。根据分析结果，详细评估项目的改进效果。

（5）案例研究或实例分析。提供具体的案例或实例，展示项目的影响。

（6）识别挑战与问题。识别项目执行过程中遇到的挑战和问题。

（7）总结与建议。总结评估结果，提出改进建议和未来行动计划。

（8）撰写附录。提供数据表格、图表、参考文献等补充材料。

（9）审阅与修改。审阅报告，确保内容的准确性和完整性。

（10）提交报告。将最终的评估报告提交给企业管理层。

编写中需注意保持报告的客观性和公正性，使用清晰的逻辑结构和语言表达，并且确保报告的可读性和易理解性。

二、执行效果评估报告的内容要点

1. 标题与摘要

标题应明确表明报告的主题，如"2024年度企业发展阶段改进计划实施效果评估报告"。摘要应简明扼要地概述报告的目的、主要发现和结论。

2. 引言

简述改进方案的背景和目标，说明为何进行这次改进以及预期达成的效果。

3. 评估方法与指标体系

详细介绍用于评估改进效果的工具、方法和具体指标，并解释选择这些指标的原因和依据。

4. 数据收集与分析

展示数据收集的过程、时间范围以及样本大小等信息；分析各项关键绩效指标（KPI）在改进前后的变化趋势，并配以图表来直观展示。

5. 改进效果评估

按照财务、市场、运营、人力资源、创新等方面逐一详述各领域改进措施的执行情况及取得的具体成果，对比改进前后的实际情况，指出哪些指标有显著改善，哪些仍有待提高，并分析原因。最好能够用改进前后的照片、数据做对比，直观、可信。

6. 案例研究或实例分析

提供实际的项目案例或者业务场景，通过具体事例深入解析改进活动的实际效果。

7. 挑战与问题识别

描述在改进过程中遇到的主要困难、挑战和未达到预期目标的原因。分析这些问题对改进活动的影响，并提出应对策略或解决方案。

8. 总结与建议

总结整个改进计划的总体成效，评价其对企业整体发展的重要性。提出针对未来改进方向的合理化建议，包括进一步优化现有措施或探索新的改进路径。

9. 附录

如果有必要，可以提供相关的数据表格、原始问卷调查结果、访谈记录等作为支持证据。

典型案例

ABC 制造公司精益生产改进项目效果评估报告

标题：ABC 制造公司精益生产改进项目效果评估报告

子标题：2023 年第二季度至 2024 年第一季度执行评估

编制单位：ABC 制造公司精益生产改进项目小组

编制日期：2024 年 5 月 5 日

报告编制人：张三

1. 引言

背景介绍：ABC 制造公司为应对市场竞争，提升生产效率，降低成本，于 2023 年第二季度启动精益生产改进项目。项目涵盖流程优化、设备升级、员工培训和文化塑造等方面。本报告旨在评估项目实施以来的效果，识别成功要素及存在的问题，并提出后续改进建议。

2. 评估方法与指标体系

评估方法：结合数据统计法、经验判断法和访谈法，确保评估结果的全面性和准确性。

指标体系：选择与项目目标直接相关的 KPI，包括生产周期、库存周转率、员工满意度、客户满意度和成本节约。

3. 数据收集与分析

数据来源：数据来自生产报表、财务报表、员工问卷调查、客户反馈和现场观察记录。

分析工具：使用 Excel 和 SPSS 进行数据分析，包括描述性统计、趋势分析和相关性分析。

4. 改进效果评估

生产周期：通过引入拉动式生产系统，生产周期从平均 45 天缩短至 30 天，缩短了 33%。

库存周转率：实施库存控制措施后，库存周转率从 4 次/年提升至 6 次/年，提升了 50%。

员工满意度：通过问卷调查，员工对新流程的满意度从 3.5 分提升至 4.2 分（满分 5 分）。

客户满意度：客户对交货时间和产品质量的满意度从 85% 提升至 95%。

成本节约：通过改进流程和降低浪费，预计年度成本节约约 200 万美元。

5. 案例研究

5S 实施案例：描述了在装配车间成功实施 5S 方法的步骤、成效和员工参与情况。

供应链优化实践：展示了如何通过改进供应商管理和物流协调，缩短供应链响应时间。

6. 挑战与问题识别

员工抵抗：部分员工对新流程的抵抗情绪，通过额外的培训和沟通得到缓解。

供应链协调：尽管供应链响应时间有所改善，但未能完全达到预期目标，需进一步优化供应链管理。

7. 总结与建议

改进项目取得成功的要素主要来自高层的坚定支持、全员的积极参与、持续的培训和改进企业文化。

改进建议：建议进一步缩短生产周期、提高库存管理效率、优化供应链协调，并加强员工对精益理念的理解和接受度。

8. 附录

8.1 员工满意度调查问卷的样本和分析方法。

问卷标题：ABC制造公司精益生产改进项目员工满意度调查问卷。

调查目的：收集员工对精益生产改进项目的看法和满意度。

调查时间：2024年4月。

调查对象：参与精益生产改进项目的全体员工。

问卷内容：

（1）您对当前工作环境的满意度如何？

a 非常满意　　　　　b 满意　　　　　　　c 一般

d 不满意　　　　　　e 非常不满意

（2）您认为精益生产改进项目对提高工作效率有何影响？

a 有极大提升　　　　b 有一定提升　　　　c 影响不大

d 略有下降　　　　　e 显著下降

（3）您对项目中培训和学习机会的满意度如何？

a 非常满意　　　　　b 满意　　　　　　　c 一般

d 不满意　　　　　　e 非常不满意

（4）您认为项目实施中存在哪些问题或挑战？

（开放性问题，供员工详细描述）

（5）您对未来改进项目有何建议或期望？

（开放性问题，供员工详细描述）

分析方法：

使用描述性统计方法，分析员工对工作环境、工作效率、培训机会的满意度。

对开放性问题的回答进行主题分析，识别主要问题和建议。

8.2 客户满意度调查结果，包括调查问卷和统计图表。

调查标题：ABC 制造公司客户满意度调查。

调查时间：2024 年第一季度。

调查对象：近期与 ABC 制造公司有业务往来的客户。

调查问卷：

（1）您对 ABC 制造公司的产品质量满意吗？

a 非常满意　　　　　b 满意　　　　　　　c 一般

d 不满意　　　　　　e 非常不满意

（2）您对 ABC 制造公司的交货时间满意吗？

a 非常满意　　　　　b 满意　　　　　　　c 一般

d 不满意　　　　　　e 非常不满意

（3）您对 ABC 制造公司的售后服务满意吗？

a 非常满意　　　　　b 满意　　　　　　　c 一般

d 不满意　　　　　　e 非常不满意

（4）您认为 ABC 制造公司在同行业中的表现如何？

a 领先　　　　　　　b 中上　　　　　　　c 平均

d 中下　　　　　　　e 落后

统计图表：使用柱状图展示客户对产品质量、交货时间和售后服务的满意度；使用饼图展示客户对 ABC 制造公司整体表现的评价。

8.3 数据分析内容及图表。

数据分析内容主要包括：生产周期，月度生产周期数据及同比、环比变化率；库存周转率，月度库存周转率数据及同比、环比变化率；成本节约，年度成本节约数据，包括直接成本和间接成本。

图表主要包括：趋势图，展示生产周期、库存周转率随时间变化的趋势；对比图，将 ABC 制造公司的关键指标与行业平均水平进行对比；分布图，展示成本节约在不同成本项目上的分布。

8.4 访谈纪要和现场观察记录。

访谈纪要：记录与关键员工、管理层和客户的访谈内容，包括对改进项目的看法、建议和反馈。

现场观察记录：记录在生产现场的观察情况，包括5S实施情况、员工操作流程、设备运行状态等。

分析：对访谈纪要和现场观察记录进行内容分析，识别项目实施中的优点和不足。

本报告总结了ABC制造公司精益生产改进项目的主要成就和经验教训，为公司未来的持续改进提供了数据支持和行动指南。通过持续的评估和改进，ABC制造公司将能够不断提升竞争力，实现可持续发展。

注：以上案例旨在展示如何根据前述内容编写一份企业执行改进效果评估报告。实际的评估报告应根据企业的具体情况和数据进行定制。

三、编写执行效果评估报告的注意事项

1. 数据的准确性和完整性

确保所有数据来源可靠，数据采集方法科学合理。所有关键指标的统计必须准确无误，避免因数据问题导致评估结果偏差。数据应具有完整性，覆盖改进方案涉及的所有重要领域和阶段。

2. 客观公正性

在分析和评价过程中保持中立，不偏袒任何一方，真实反映改进措施的效果。对于成功之处和不足之处均要实事求是地陈述，既展示成果又指出挑战。

3. 逻辑清晰、层次分明

报告结构应当条理清晰，按照引言、评估方法与指标体系、数据收集与分析、改进效果评估、案例研究或实例分析、挑战与问题识别、总结与建议等模块进行编排。各部分之间要有逻辑关联，内容过渡自然，便于客户理解。

培训课程 5 后续服务

学习单元 1　对企业开展后续服务

一、开展后续服务的重要性

作为一名创业指导师，在指导企业完成经营管理改进后，提供后续的持续性指导服务是非常必要且意义重大的。

1. 巩固与深化改进成果

后续服务有助于跟踪和评估改进措施在企业内部的落地情况，确保改进方案得到切实执行，并持续优化以巩固和深化初期取得的成果。

2. 培育成长能力

后续服务可以围绕企业的发展阶段和目标进行定制化服务，通过培训、指导等方式提升团队的整体素质，提高员工对新业务模式、新技术的理解和应用能力，从而促进企业的长期发展。

3. 解决新出现的问题

在实施改进过程中或之后，新的问题和挑战可能会显现出来。及时的后续服务能够帮助企业管理层识别这些问题和挑战，提出解决方案，避免小问题演变成影响企业发展的重大瓶颈。

4. 建立可持续改进机制

通过提供后续服务，帮助企业建立起一套自我诊断、自我改进的机制，使其能够在日常运营中不断发现问题、解决问题，形成一种积极向上的企业文化氛围，推动企业持续改进和发展。

二、后续服务的类型和方法

1. 定期回访与跟进

（1）设定定期回访的时间表，例如，每月或每季度与企业沟通一次，了解其在采纳指导方案后的进展情况。

（2）持续关注企业的关键指标，如销售额、利润、市场份额等，以评估咨询建议的效果。

2. 资源对接与推荐

（1）介绍相关的供应商、合作伙伴或潜在客户，帮助企业拓展业务渠道。例如，如果企业从事农产品加工，可以为其推荐一些优质的原材料供应商。

（2）推荐企业参加适合的行业展会、研讨会或培训课程，提升企业的行业认知和专业能力。例如，推荐一家科技创业公司参加前沿技术研讨会，帮助其获取最新的行业动态。

（3）根据企业需求，推荐合适的人才或提供招聘渠道的建议。例如，向一家急需营销人才的企业推荐自己认识的优秀营销人员。

3. 培训与发展支持

（1）持续教育与培训。针对企业在改进过程中暴露出来的短板，设计针对性的培训课程或工作坊，提升员工技能和团队能力。

（2）领导力发展。为管理层提供领导力、战略规划、决策制定等方面的辅导，增强企业管理层的整体素质。

4. 市场拓展与战略指导

（1）市场分析与制定策略。基于市场变化和竞争态势，提供最新的市场分析报告，帮助企业制定或调整市场营销策略和产品定位。

（2）资源整合与建立合作伙伴关系。协助企业寻找潜在的合作机会，拓宽业务渠道，构建供应链网络或产业联盟。

5. 企业文化建设与激励机制设计

（1）塑造企业文化。引导企业建立符合自身特点和发展阶段的企业文化，强化组织凝聚力。

（2）设计激励制度。帮助制订合理的员工激励计划，包括薪酬体系、股权激励、晋升通道等，激发员工的积极性和创新潜能。

除上述后续服务之外，创业指导师还可以提供市场信息调研、政策解读与协助申请、危机管理与应对策略等服务。

三、开展后续服务的关键因素

1. 企业当前需求与痛点

首先要深入了解企业在完成改进后所面临的实际问题和挑战,明确其当下最迫切需要解决的问题。例如,如果企业在实施改进后仍然存在效率低下、人员流失严重等问题,就可能需要优先考虑提供流程优化、人力资源管理等方面的指导。

2. 企业的发展阶段与战略目标

企业的不同发展阶段有对应的核心任务,如初创期可能更侧重于市场定位和产品开发,成长期则可能更关注市场拓展和品牌建设。因此,创业指导师应结合企业的发展阶段及其长期战略目标,有针对性地提供指导服务。

3. 内部资源与能力评估

考虑企业现有的团队技能、资源以及文化氛围等实际情况,挑选能有效提升企业现有能力并补齐短板的指导服务。例如,若发现企业在市场营销方面存在明显不足,可以加强这方面的培训和支持。

 **典型案例**

ABC 零售公司的市场营销持续改进与支持

ABC 零售公司是一家拥有 8 家连锁店的零售企业,主要经营服装和配饰。公司刚刚完成了为期一年的市场营销改进项目,旨在提升品牌知名度和市场份额。尽管取得了一定的成效,但 ABC 零售公司的管理层认识到,为了保持竞争力,需要持续进行市场营销创新和团队能力提升,于是找到为企业提供市场营销改进项目方案的创业指导服务团队,提出了想要在市场营销方面持续改进的需求,希望得到创业指导服务团队的后续支持。

经过与 ABC 公司的沟通,创业指导服务团队发现,尽管过去一年该公司的市场营销改进项目已经较一年前有了很大的改善,销售额也较改进前提升了 50%,但是目前该公司正面临如下挑战:营销团队对数字营销工具的掌握不足;客户忠诚度提升缓慢;市场趋势变化迅速,现有营销策略需不断更新。双方经过沟通一致认为,持续的培训和市场研究是维持市场营销成功的关键。基于此，双方达成以下后续服务目标：建立一支能够快速响应市场变化的营销团队，提升客户忠诚度和品牌影响力，确保营销策略与消费者需求和市场趋势保持同步。

同时，创业指导服务团队也为 ABC 公司制订了持续支持的服务计划。

（1）定期培训与发展支持：设计一个综合培训计划，包括数字营销、社交媒体策略、消费者心理学等，每两个月邀请行业专家开展一次工作坊活动。

（2）市场拓展与战略指导：指导专人收集月度市场趋势报告，包括竞争对手分析和消费者行为变化。建议 ABC 公司每季度举行一次战略指导会议，讨论市场拓展计划。

（3）营销策略的持续优化：建立一个由市场、销售、产品和客服部门代表组成的多部门营销项目改进小组，每月至少举行一次小组会议，评估营销活动效果并讨论改进措施。

（4）客户关系管理（CRM）系统优化：建议公司对现有 CRM 系统进行升级，找出使用中的痛点。设计定制的 CRM 培训计划，提升团队的使用效率。

（5）企业文化与激励机制设计：强化以客户为中心的企业文化，鼓励团队成员提出创新的营销想法。设计基于团队和个人表现的激励机制，如奖金、晋升机会和表彰计划。

实施过程中，创业指导服务团队与专业培训机构合作，为营销团队提供在线和线下培训资源，通过角色扮演、案例研究和模拟项目，提升团队的实战能力；指导市场部员工利用市场研究工具，如行业分析报告和社交媒体分析报告，以及在线分析工具，持续跟踪消费者偏好，并通过 SWOT 分析，确定公司的市场定位和差异化策略；指导公司设立跨部门沟通渠道，确保项目改进小组能够快速收集和响应市场信息，并利用项目管理工具，跟踪营销策略的实施进度；指导公司定期收集 CRM 系统使用反馈，进行系统升级和功能优化，并通过定期的用户满意度调查，评估 CRM 系统的效果；通过内部 OA 和团队会议，宣传以客户为中心的服务理念，还设立了创新奖和最佳实践奖，表彰在市场营销中表现突出的团队和个人。

通过为期半年的后续服务项目，ABC 公司营销团队对数字营销和社交媒体策略的掌握程度显著提高，营销策略更加灵活，能够快速适应市场变化。

同时，经过客户满意度数据的收集，通过 CRM 系统优化，客户服务质量得到提高，客户满意度明显提升，企业以客户为中心的企业文化得到强化，员工的积极性和忠诚度提高。

ABC 公司不仅巩固了改进项目的成果，还建立了一支能够快速适应市场变化的营销团队和策略更新机制。

学习单元 2　结果交付

一、结果交付的定义

结果交付是指创业指导师在完成对企业进行经营管理改进、优化流程、战略规划等服务后，将最终的实施成果、取得的改进效果以及所形成的各种报告、方案、工具、制度等以正式且系统的方式提交给客户的过程。

二、结果交付的内容

1. 总结报告

全面回顾和分析整个指导过程，阐述采取了哪些具体的管理改进措施，执行这些措施时遇到的问题和挑战，以及最终达成的结果。

2. 文件资料

提供制定的新策略、改进计划、操作手册、流程图、组织架构调整方案、培训材料等书面文档。

3. 可视化成果

利用图表、模型、案例研究等多种形式，直观地展现改进效果和企业的进步。

 **典型案例**

ABC 制造公司的经营管理改进结果交付

ABC 制造公司是一家生产工业设备的企业，近年来面临市场竞争加剧和成本上升的双重压力。为了提升企业的市场竞争力和内部运营效率，公司聘请了一支专业的创业指导服务团队，成立了项目小组，进行了经营管理改进和战略规划。经过为期半年的项目实施，项目小组帮助企业达成了以下目标：企业内部流程优化、成本控制策略制定、组织结构调整、长期战略规划、员工能力提升培训。

现在项目实施已经完成，到了交付改进结果的阶段，但是项目小组面临三方面挑战：一是，需要将复杂的改进措施和战略规划以易于理解的方式呈现给企业高层；二是，要确保交付的成果能够得到企业内部的广泛认可和支持；三是，需要设计一套可持续实施与更新的管理制度和工具。

经过项目小组的内部讨论，大家就结果交付目标达成一致：提供明确的改进实施成果和效果评估；交付一套完整的改进方案和工具，确保企业能够独立维持和优化改进成果；通过正式的交付过程，为企业高层提供决策支持。

确定目标以后，项目小组着手准备结果交付内容，他们预计用1个月的时间完成以下工作。

（1）总结报告：包含项目背景、实施过程、关键发现、取得的改进成果和后续建议。

（2）文件资料交付：流程优化文档、成本控制方案、组织结构图、战略规划报告、员工培训手册等。

（3）可视化成果呈现：使用图表和信息图表展示改进前后的KPI对比。

（4）系统和工具交付：交付定制的项目管理软件和员工绩效跟踪系统。

（5）培训：为管理层和核心员工举办培训，确保他们能够使用新系统和工具。

以下是项目小组的交付过程。

（1）准备交付材料：汇总所有改进项目的文档和报告，确保信息的完整性和准确性。

（2）成果展示：通过成果展示会议和PPT演示，向企业高层展示改进成果和未来规划。重点展示企业生产线通过流程优化，生产周期缩短了20%，库存成本降低了15%。

（3）交付培训：对企业内部相关人员进行系统的培训，确保他们能够理解与运用交付的方案和工具。

（4）收集反馈：收集企业高层和员工对交付成果的反馈，评估交付效果。

（5）后续支持计划：制订后续支持计划，包括定期检查、问题解决和持续改进支持。

通过专业的经营管理改进和战略规划服务，ABC制造公司成功提升了市场竞争力和内部运营效率。员工通过培训，对新的工作流程和工具有了深入理解，企业也建立了一套可持续的改进机制，包括定期的绩效评估和战略回顾。特别是在成果展示中，企业高层通过相关数据、成果对比等，认识到持续的员工培训和管理层的支持对于维持改进成果至关重要。企业高层对指导团队的工作成果表示满意，并批准了长期战略规划。

这个案例展示了创业指导师在完成服务后如何通过正式且系统的方式提交实施成果，完成交付的过程，以及如何确保这些成果能够得到企业的认可和持续应用。

三、结果交付的注意事项

1. 详细而清晰

提交一份详尽且易于理解的总结报告，包括指导过程、实施步骤、具体改进措施以及所取得的实际效果。应确保数据准确无误，用图表和实例来支撑结论。

2. 量化成果展示

通过对比分析改进前后的KPI，如销售额、利润、客户满意度等，用具体的数字来展示指导成果，并使用可视化工具进行呈现。

3. 客观公正评估

在评价过程中保持客观公正，既要指出企业在执行改进方案后所取得的成功与进步，又要明确指出仍然存在的问题和挑战，以及针对这些问题和挑战提出的建议。

4. 文档整理与存档

对完成的所有文档资料应有序整理并妥善保存，以便于企业随时查阅，也为后续服务提供参考依据。

学习单元3 服务效果评价

一、开展服务效果评价的重要性

1. 提升服务质量与客户满意度

通过评估创业指导服务的效果,可以了解指导措施是否有效帮助客户解决了实际问题、提升了业务表现,从而有针对性地优化服务内容和方式,提高服务质量,提升客户满意度。

2. 量化成果与证明价值

创业指导是一项专业服务,对服务效果的客观评价有助于量化创业指导的价值,为客户提供明确的投资回报分析,也方便创业指导师展示自身的工作成果和社会影响力。

3. 持续改进与学习成长

对服务效果的反馈可以帮助创业指导师识别自身的长处和短处,发现教学方法和策略上的不足,促进个人专业知识和服务技能的不断迭代更新。

4. 建立信任关系与口碑传播

客观公正的服务效果评价有助于建立和维护创业指导师与客户之间的信任关系,优秀的评价结果还有助于形成良好的市场口碑,吸引更多的潜在客户。

二、服务效果评价的内容

1. 服务质量评价

服务的专业性:评估创业指导师在提供指导时的专业知识、技能以及对行业动态的把握程度。

指导过程的有效性:观察创业指导师是否能够针对创业者需求提供针对性强、实施性强的建议与方案。

反馈及时性与沟通效率:衡量创业指导师在提供服务过程中反馈意见的速度以及与创业者沟通的效率。

2. 客户满意度评价

客户满意度评价是指通过直接获取创业者或企业对于服务内容、形式、效果等方面的满意度调查数据，收集客户忠诚度及口碑传播情况，了解创业者或企业是否会继续使用或推荐该服务给其他潜在客户。

3. 企业的业务指标

量化分析创业指导师提供服务的企业在财务、市场拓展、团队建设等关键领域取得的具体进步，如销售额增长、市场份额扩大、成本控制优化等；关注企业的创新能力与成长潜力，如企业在产品创新、技术升级、商业模式改进等方面的表现，这也是创业指导师提供专业指导的结果呈现。

三、开展服务效果评价的步骤

1. 明确评估目标与指标

首先要确定评估的目标，如提高创业成功率、提升客户满意度等。然后设定具体可量化的评估指标，如指导企业实施改进项目的完成率、业务增长速度、降本增效数据、客户满意度评分等。

2. 制订评估方案

制订详细的评估计划，包括但不限于问卷调查、深度访谈、数据收集与分析、案例研究等。确定参与评估的人员范围，如创业者、合作伙伴、内部团队成员等。

3. 数据收集与分析

及时收集关于指导企业或项目的运营数据、客户满意度以及用户反馈等信息。使用统计工具对数据进行整理和分析，对比改进前后的变化情况，并根据设定的评估指标进行量化评价。

4. 提炼经验教训与改进建议

从评估结果中提炼出成功经验和不足之处，提出针对性的改进建议和优化策略。对于发现的问题，应提供具体的解决方案，并确保在未来的指导服务中得以落实和执行。

5. 编写服务效果评估报告

整理数据，编写成服务效果评估报告。

四、开展服务效果评价的注意事项

1. 数据收集的有效性和准确性

可以使用多种方式（问卷调查、深度访谈、观察记录、数据分析）收集信息，确保数据来源可靠，全面反映实际情况。对于定量数据要确保统计方法正确无误，对于定性数据则需保持开放性，公正客观地听取各方意见。

2. 多维度综合评价

服务效果评估不仅要关注经济效益，还要考虑社会效益、客户满意度、内部管理效率等多个层面的效果。

3. 评价主体广泛参与

鼓励服务对象、管理层、员工及第三方专家等多元主体参与评价过程，确保多方视角下的公正评价。

4. 尊重隐私与保密

在收集和处理个人信息或敏感商业信息时，必须遵守相关的法律法规，保护客户的隐私和企业的商业秘密。

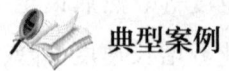 **典型案例**

ABC科技公司创业指导服务效果评价

ABC科技公司是一家专注于人工智能应用开发的高新技术企业。随着业务的迅速发展，公司面临着战略规划、产品定位和市场拓展等方面的挑战。为此，ABC科技公司聘请了创业指导服务团队提供专业指导服务，以期明确发展方向和提升竞争力。该团队为ABC公司提供了企业战略规划、产品市场定位分析、市场拓展策略制定、组织结构优化建议四项创业指导服务内容。项目完成以后，根据项目合同，需要对该团队的服务效果进行评价。

服务效果评价主要可用于三个方面：一是，评估指导服务对企业战略发展的影响；二是，量化指导服务带来的具体改进和成效；三是，收集客户反馈，为创业指导服务团队提供改进建议。基于此，创业指导服务团队拟定了评价方案，包括三个方面内容：一是服务质量评价，主要包括评估服务项目的专业性、实用性和创新性；二是客户满意度评价，通过问卷调查、访谈等方式收集ABC科技公司对指导服务的满意程度；三是业务指标提升，跟踪并评估关键业务指标的变化，如市场份额、客户增长率、产品销售额等。

实施步骤如下。

步骤一，明确评估目标与指标。指导团队与ABC科技公司沟通，明确评价的目标和关键指标。

步骤二，制订评估方案。设计包括定量和定性评估方法的综合评估方案。

步骤三，实施数据收集与分析。收集 ABC 科技公司在指导团队提供服务前后的业务数据，以及该公司对指导服务的反馈。

步骤四，提炼经验教训与改进建议。分析数据，提炼在项目实施过程中指导团队服务的优点和不足，希望 ABC 科技公司能够提出改进建议。

步骤五，编写服务效果评估报告。将评估结果和建议整理成正式的评估报告。

评估实施过程共用一周时间，指导团队通过客户满意度问卷调查收集了 ABC 科技公司对指导服务的主观评价，同时还收集了指导服务前后该公司的市场份额、客户增长率、产品销售额等业务数据。然后指导团队使用统计分析方法对业务数据进行分析，以评估指导服务带来的具体成效。分析结果显示，指导服务切实有效，具体表现在以下四个方面：一是战略规划明确，指导服务帮助 ABC 科技公司明确了中长期战略规划，获得了公司高层的认可；二是市场定位精准，产品市场定位分析使 ABC 科技公司成功进入了两个新的市场细分领域；三是业务指标增长，ABC 科技公司的市场份额提升了 10%，客户增长率提升了 15%，产品销售额提升了 20%；四是客户满意度问卷调查结果显示，ABC 科技公司对指导服务的整体满意度为 4.5 分（满分 5 分），满意率达到了 90%。

通过上述指标和评价，对比指导服务前后的变化，可以看出指导服务对企业战略和市场表现的影响都是积极有效的，效果也很明显。指导团队最终将包含评估结果、关键发现、改进建议和未来行动计划的内容形成了评估报告，提交给 ABC 科技公司和创业指导师所在团队，收集来自各方的最终反馈。

服务效果评价不仅帮助 ABC 科技公司评估了指导服务的具体成效，还为创业指导的专家团队提供了宝贵的客户反馈意见，指导其服务的持续改进和优化。

职业模块 ③
创业服务活动指导

培训课程 1 创业服务活动策划指导

学习单元 1　策划并指导实施市场资源对接活动

创业项目在发展过程中，需要对接和整合多种市场资源，作为创业指导师，帮助创业者梳理需要的市场资源，并能够给予专业的建议和对接服务，是必备的一种技能。

一、市场资源对接活动的主要内容

1. 市场信息服务对接

市场信息服务对接的主要目的是解决市场信息不对称的问题，提高市场透明度，促进供需双方的精准匹配，从而优化资源配置，提升市场效率。通过市场信息服务对接，创业者可以更快速地获取市场动态、行业趋势、竞争对手信息等重要数据，为决策制定提供有力支持。创业者往往需要对接政府相关部门、专业的第三方咨询机构或者行业协会、智库等机构来收集、整理和分析相关市场信息，创业指导师应当指导创业者关注以下几方面的需求。

（1）政策影响分析。创业者在项目发展中，需要时刻关注政府的经济政策和法规对行业的影响。例如，为了推进新能源汽车产业的发展，政府出台了有力的补贴政策和减税政策，而随着行业发展逐渐成熟，补贴政策退坡也给行业带来了新的冲击和挑战；再如，新质生产力的发展成为当前国家重要的战略导向，围绕新质生产力创新培育的扶持政策为相关行业的创业者提供了研发攻坚的方向和转化落地的具体场景。

（2）技术信息分析。新技术和创新可能会对行业产生颠覆性的影响。例如，互联网技术的兴起彻底改变了传统零售业的格局，推动了电子商务的飞速发展，

而当前正在兴起的人工智能和大数据技术，必将深刻改变人们的生产和生活方式。技术革新带来的不仅仅是生产效率的提升，还会使人们的认知、消费习惯等发生潜移默化的改变。

（3）竞争对手分析。分析行业内的竞争格局以及市场结构的变化，有助于了解行业的整体发展趋势。例如，金融科技的崛起对传统金融行业产生了重大影响，推动了银行业务的数字化和移动支付的兴起；短视频平台的兴起对于传媒行业、广告行业和电商行业都造成了颠覆性的冲击。行业领先的企业是谁，它们的差异化主张是什么，如何找到企业竞争中的"生态位"，这些问题至关重要。

（4）目标客户分析。消费者的需求和偏好是不断变化的，行业趋势分析需要密切关注这些变化，并预测其对市场的影响。例如，随着健康意识的提高，有机食品和健身行业迎来了快速发展；随着人口老龄化的加快，康养产业和银发经济成为新的热潮。消费者的需求和偏好变化背后反映的是消费者认知和心理的演变，而每一个年龄段的消费者由于其成长环境、文化属性和社会文明程度发展的差异，也存在明显的区别。

 **小贴士**

> 市场信息服务对接的核心目的是帮助创业者进行准确的趋势分析，通常会采用多种分析方法，如 PEST 分析法（从政治、经济、社会、技术四个方面分析）、SWOT 分析法（评估企业的优势、劣势、机会和威胁）、波特五力模型（分析行业竞争结构）以及价值链分析法（研究企业内部活动）等。

2. 品牌推广服务对接

品牌推广服务对接是一个涉及多个环节和渠道的过程，旨在提升创业者品牌知名度、美誉度和市场份额。为了更有效地进行品牌推广，创业指导师可以指导创业者对接专业的品牌推广服务机构或外包服务公司，这些机构通常具备丰富的推广经验和资源，能够为企业提供一站式品牌推广服务。创业指导师在品牌推广服务对接时要重点关注创业者以下三个方面的高频需求。

（1）品牌设计。品牌设计是在企业自身正确定位的基础之上进行的基于正确品牌定义下的视觉沟通。它不仅能够帮助企业正确把握品牌方向，还能使消费者对企业形象进行有效且深刻的记忆。在高度竞争的市场环境中，一个出色的品牌设计可以显著提升企业的辨识度和竞争力。品牌设计一般包括：品牌标志设计，如 logo 设计，以及与之相关的 VI（Visual Identity）设计等；品牌视觉识别系统设计，涵盖宣传资料、网站、产品包装等使用的一系列图像元素，确保品牌在各个媒介上的表现具有一致性；广告设计，包括广告宣传海报设计、展览设计等，通过独特的视觉效果吸引目标客户。

（2）品牌策划。品牌策划是指通过深层次表达，使企业形象和产品品牌在消费者脑海中形成一种个性化的区隔，同时使消费者与企业形象和产品品牌形成统一的价值观。这有助于建立起品牌自己的声誉，并给拥有者带来溢价和增值，这种增值的源泉主要来自消费者心智中形成的关于品牌的印象。品牌策划既包括宏观层面，即在市场调查的基础上，制订品牌战略规划，这涉及品牌定位、品牌形象塑造（包括品牌命名、品牌愿景、口号、文化等）、商业模式与盈利模式的设计，也包含微观层面，即产品梳理、渠道招商、终端销售策略、媒介传播策略以及展会落地等具体操作。

（3）品牌传播。品牌传播是指企业通过各种渠道和手段向消费者传递品牌信息、价值观和承诺的过程，包括广告、公关、销售促进、直接营销以及社会媒体等多种方式。品牌传播有助于提高消费者对品牌的认知度、记忆度和忠诚度，从而增强企业的市场竞争力。通过有效的品牌传播，企业可以塑造独特的品牌形象，与消费者建立信任和情感联系，进而促进销售和市场份额的提升。品牌传播是在品牌设计和品牌策划的基础上，通过多元化传播方式，选择合适的传播手段，以实现品牌传播效果的最大化。特别是当前社交媒体营销，如抖音、快手、小红书等新媒体平台，创始人 IP 和品牌矩阵等方式都成为重要的传播手段，而个性化与定制化、数据驱动决策、跨界合作与共创等特点也将成为品牌传播的发展趋势。

 **相关链接**

创业者如何塑造自己的品牌思维

1. 了解品牌故事与定位

品牌设计应基于品牌的使命、愿景和核心价值观，确保所有设计元素都能传达这些核心理念。了解目标受众的需求、偏好和行为习惯，以便设计出能够吸引他们并与之产生共鸣的品牌形象。

2. 简洁醒目，易于识别

品牌设计应简洁明了，避免使用过于复杂或难以识别的元素。简洁的设计更易于记忆和传播。通过色彩、形状和排版等元素的巧妙运用，使品牌标识在众多信息中脱颖而出，吸引消费者的注意。

3. 创意与独特性

鼓励创新思维，尝试不同的设计风格和表现手法，以独特的方式展现品牌个性。确保品牌设计与现有品牌存在显著差异，避免与竞争对手雷同，以建立独特的品牌形象。

4. 视觉元素的一致性

选择能够代表品牌形象的色彩，并确保在不同媒介和场景中的一致性应用。选择与品牌形象相符的字体和图形元素，确保整体设计的和谐统一。确保品牌设计在不同设备和平台上的显示效果一致，提升用户体验。

5. 情感共鸣与互动

通过品牌故事和视觉元素的设计，与消费者建立情感联结，增强品牌忠诚度。鼓励消费者参与品牌互动，如社交媒体互动、线上线下活动等，提高品牌参与度和知名度。

3. 营销渠道服务对接

创业者在实际经营中往往缺少合适的营销渠道，创业指导师指导其对接合适的营销渠道服务商，对于快速打开市场、赢得客户具有十分重要的意义。专业的营销渠道服务机构通常拥有丰富的行业经验和专业知识，了解市场动态，熟悉各种营销渠道和策略，能够帮助企业快速适应市场变化。创业指导师可以指导创业者重点对接以下三个方面的营销渠道服务。

（1）渠道开发。即企业通过不同渠道来推销产品或服务，以迅速发展核心业务。它是现代营销技术的一部分，也是市场营销领域的基本操作。渠道开发的目的是在现有资源之上寻求更多的合作机会，以提高市场份额，通常涉及市场调研、选择适合的销售渠道、与渠道合作伙伴建立关系以及拓展销售网络等。

（2）渠道管理。包括选择渠道成员、激励渠道、评估渠道、修改渠道决策以及退出渠道等，旨在确保渠道成员间以及企业与渠道成员间的相互协调和通力合作。渠道管理对于企业营销战略至关重要，直接影响销售业绩和市场份额。通过有效的渠道管理，企业可以降低成本、提高销售效率、增强品牌影响力。

（3）渠道优化。即通过改进和调整销售渠道的结构、组织和运作方式，提高企业在市场中实现销售和利润目标的能力。渠道优化旨在提高销售效益和市场份额，使企业更好地适应市场需求。具体方法包括市场调研、渠道分析、渠道策略制定等。优化的流程通常包括目标设定、渠道评估、渠道选择、渠道开发以及持续的渠道管理等环节。

4. 客户关系管理服务对接

创业者在实际发展中，可以将客户关系管理的相关业务活动委托给专业的第三方服务提供商，帮助企业降低成本、提高效率、专注于核心业务，并借助专业服务提供商的专业知识和技术来优化客户关系管理流程，提升客户满意度和忠诚度。创业指导师可以指导创业者重点对接以下三个方面的客户关系管理服务。

（1）客户数据分析。这是一个深入且多维度的过程，它涉及收集、整理、分析和应用客户数据，以帮助企业更好地了解客户，优化市场策略和增强客户忠诚度，重点在于通过数据来理解客户行为、需求和偏好。具体操作中一般使用以下几种方法：关联分析，研究客户消费数据，发现不同产品或服务之间的联系，以指导决策；聚类分析，根据相似性对数据进行分类，以发现不同的客户群体及其特点；对比分析，通过对比不同时间、地区或产品类别的销售数据，企业可以发现市场变化和趋势，及时调整策略；留存分析，分析客户在使用产品或服务一段时间后的留存情况，以评估产品的吸引力和客户满意度。

（2）客户关系维护。是指企业与客户之间建立、发展和维护长期合作关系的一系列活动。这些活动包括建立客户档案管理系统、处理客户投诉、进行客户满意度调查以及客户回访等。客户关系维护的目的是建立长期合作关系，提高客户满意度和忠诚度，从而增加客户价值，实现企业的可持续发展。具体操作中使用的方法有：积极沟通与交流，通过电话、邮件、社交媒体等多种渠道定期与客户沟通，了解需求和问题，并及时回应；提供个性化的服务，通过收集客户信息，了解其需求、喜好和购买习惯，以便为其提供定制化的产品或服务；提供超越预期的价值，如提供专业的咨询服务、额外的保修期限、定期的培训等，以赢得客户口碑；通过线上或线下建立客户社区，让客户之间形成紧密的联系。

（3）客户满意度提升。是指通过改进产品或服务，提高客户对企业的整体满意度。关键点在于不断优化客户体验，确保客户需求得到满足。一般通过客户满意度调查结果、客户反馈等方式来观察。具体操作中使用的方法有：优化客户体验，提供符合客户期望的产品功能和质量，建立便捷的购买渠道，提供灵活的支付方式；建立个性化服务模式，深入了解每个客户的需求和喜好，通过客户档案和偏好记录，为客户量身定制服务；优化售后服务，提供快速响应和解决问题的渠道，跟踪解决方案的实施情况，确保客户问题得到彻底解决；建立客户投诉处理机制，设立专门的投诉渠道，及时接收和妥善处理客户投诉，分析投诉原因，采取积极措施解决问题。

 **相关链接**

适宜客户关系服务外包的行业

客户关系服务外包适用于多种行业，这些行业通常具有共同的特点，如客户咨询量大、服务需求多样、需要专业的客户关系管理技能等。以下列举一些适合客户关系服务外包的行业。

1. 电子商务行业

特点：交易量庞大，客户咨询频繁且多样，涵盖商品咨询、订单跟踪、退换货处理等多个环节。

原因：将客户关系服务外包可以让电商企业专注于商品采购、营销推广等核心业务，同时外包公司能提供专业、高效的客户关系服务，可应对销售高峰和低谷时期的不同需求。

2. 教育行业

特点：学生和家长对于课程咨询、学习问题解答、技术支持等方面的需求不断增加。

原因：将客户关系服务外包可以使教育机构专注于课程研发和教学质量的提升。外包团队可以根据学生和家长的反馈，及时调整服务策略，提高客户满意度。

3. 旅游行业

特点：旅游产品的预订、行程安排、突发情况处理等都需要大量的客户关系服务支持。

原因：旅游行业的业务重点在于线路开发和市场推广。客户关系服务外包能够帮助企业在旅游旺季和淡季灵活调配人力资源，提供24小时不间断的服务，提升客户体验。

4. 软件和信息技术服务行业

特点：软件产品的使用问题、账号管理、技术故障等需要及时的客服响应。

原因：该行业企业经营的核心在于技术研发和产品创新。外包客户关系服务可以处理日常的客户咨询，收集客户反馈，为产品改进提供有价值的信息。

5. 医疗健康行业

特点：涉及健康咨询、预约挂号、医疗服务反馈等多个环节。

原因：医疗机构将客户关系服务外包，能够让医护人员专注于医疗服务，同时外包团队可以提供专业的健康咨询和引导，优化患者的就医体验。

6. 零售行业

特点：客户咨询量大，商品种类繁多，促销活动频繁。

原因：零售行业企业通过将客户关系服务外包，可以更加专注于商品采购、店铺运营和促销活动策划等核心业务，同时提升客户服务质量和效率。

7. 制造业

特点：虽然制造业的核心在于产品生产和质量控制，但客户关系管理同样重要。

原因：制造业企业通过将客户关系服务外包，可以更加专注于产品创新和生产效率提升，同时确保客户得到及时、专业的服务支持。

5. 知识产权服务对接

知识产权服务对接是指通过搭建平台、整合资源、优化服务等方式，促进知识产权服务供需双方的精准匹配和有效合作。这对于提升企业核心竞争力、推动产业升级转型、促进经济高质量发展具有重要意义。通过知识产权服务对接，可以加速科技成果向现实生产力的转化，促进知识产权的价值实现，为企业创新提供有力支撑。创业指导师在指导创业者时，应当重点关注以下几个方面的知识产权服务对接。

（1）知识产权信息服务。一方面是知识产权检索分析，为客户提供全面的知识产权检索服务。这通常涉及使用专业的检索工具和方法，以确保能够快速准确地查找到客户所需的知识产权信息，帮助客户在海量信息中迅速定位到关键的知识产权数据，为企业的研发、市场布局和风险评估等提供决策支持。另一方面是数据库建设，根据客户的具体需求，定制开发知识产权数据库。这包括数据的收集、整理、分类和存储，以实现知识产权信息的系统化和规范化管理。通过建立一个完善且易于查询的数据库，客户可以随时方便地查询和使用相关的知识产权信息，从而提高工作效率和决策准确性。

（2）知识产权代理服务。主要围绕专利、商标、著作权、软件、集成电路布图设计等知识产权的各个环节展开：一是代理申请，协助客户完成知识产权的申请流程，包括但不限于专利申请、商标注册申请和版权登记申请等；二是转让与许可，帮助客户处理知识产权的转让或许可事务，确保交易过程的合法性和利益最大化；三是维权支持，在客户的知识产权受到侵犯时，提供法律支持和专业建议，协助客户进行维权行动。

（3）知识产权转化服务。主要涉及将知识产权成果转化为实际应用和商业价值，在促进科技创新和成果转化方面发挥着关键作用。具体运用转化服务包括三个方面：一是知识产权评估与交易服务，对知识产权进行专业评估，确定其市场价值，并协助客户进行知识产权的交易或授权；二是知识产权质押融资服务，帮助客户利用其知识产权进行质押融资，解决资金问题；三是知识产权托管与经营服务，提供知识产权的托管服务，确保知识产权的安全，并协助客户经营和管理其知识产权。

 **小贴士**

> 知识产权抵押融资越来越成为科技型企业解决融资难题的一种方式，也成为知识产权服务对接的一类重要需求。国家知识产权局、中国银保监会、国家发展改革委等部门发布了多项政策文件，如《关于进一步加强知识产权质押融资工作的通知》《知识产权质押融资入园惠企行动方案（2021—2023年）》等，旨在推动知识产权质押融资工作的深入开展。国家鼓励金融机构开展知识产权质押融资业务，支持符合条件的金融机构创新金融产品和服务模式，为科技型中小企业提供更加便捷、高效的融资服务。同时，国家还推动建立知识产权质押融资风险分担和补偿机制，降低金融机构的风险承担，提高其开展知识产权质押融资业务的积极性。

二、策划并指导实施市场资源对接活动的步骤

1. 明确对接目标

（1）明确所需资源类型。涉及对企业当前状况的分析、对未来发展的规划以及对市场环境的考量。创业指导师首先要分析企业的核心业务和辅助业务，了解哪些业务环节是关键的，哪些环节可能需要额外的资源支持；其次要审视企业的长期和短期目标，以及为实现这些目标所制定的战略，根据战略方向，确定需要哪些资源来支持这些目标的实现。

（2）明确所需资源数量。需要考虑多个因素，例如，业务需求，根据企业的业务规模和发展目标来确定资源数量；预算限制，资源数量应符合企业的财务预算；市场状况，市场需求和竞争态势可能影响资源数量的决策。通过综合考虑这些因素，企业可以制订出合理的资源计划，确保资源的充足性和有效利用。

（3）明确所需资源质量。企业应考虑以下因素：一是性能标准，资源应满足特定的性能要求，如设备的效率、员工的技能水平等；二是可靠性，资源应稳定可靠，能够持续支持企业的运营和发展；三是成本效益，高质量的资源可能成本更高，但从长期来看，其带来的效益可能超过低成本但质量较差的资源。通过设定明确的质量标准，企业可以确保所获取的资源能够满足其发展的需求，并为企业创造长期价值。

2. 选择对接方式

（1）线上平台对接。市场资源线上平台有很多，根据业务需求和目标受众的不同，选择一个或多个线上平台进行资源对接即可。这些平台可能包括行业专属的资源对接平台、综合性商务资源平台等。应确保所选平台具有良好的信誉和客户口碑，以保证对接资源的质量和有效性。在平台上注册并完善企业的基本信息，包括企业简介、产品介绍、联系方式等。这些信息将帮助潜在合作伙伴更好地了解企业，提高对接效率。利用平台的搜索功能，主动寻找符合业务需求的潜在合作伙伴或资源。根据搜索结果，筛选出最有可能达成合作的资源方，并查看其详细信息，以便进行更深入的沟通和洽谈。在平台上发布企业的具体需求，如寻求特定类型的合作伙伴、推广产品等。展示企业的核心优势和特点，吸引潜在合作伙伴的注意。

（2）线下活动对接。市场资源线下活动是常见的对接形式，一般分为准备、实施和后续跟踪三个阶段。在准备阶段，要明确参与企业对接的目的和需求，企

业往往会通过市场调研与定位，制定具体的对接策略，包括选择哪些类型的合作伙伴、如何展示自身优势等。在实施阶段，关键是寻找和筛选合作伙伴，通过行业展会、专业论坛、商会组织等途径寻找潜在的合作伙伴。通过电话或电子邮件等方式，与筛选出的合作伙伴建立初步联系，安排线下会面，进一步了解彼此的需求和资源，就具体的合作内容、方式、期限等进行深入洽谈，并争取达成共识，签订合作协议。协议应明确双方的权利和义务，以及合作的具体细节。在后续跟进阶段，在执行合作协议的基础上，要定期对合作效果进行评估，维护与深化合作关系，甚至可以进一步深化合作关系，拓展合作领域。

（3）产业联盟对接。产业联盟是指由多个相关企业或组织自愿组成的，以某一共同目标为基础，通过合作、共享资源来实现该目标的团体。这种联盟通常是为了应对市场竞争、技术革新或产业升级等挑战而成立的。产业联盟的成员可能包括同一产业链上的不同企业（如供应商、生产商、分销商等）、科研机构、政府机构或其他相关组织。这些成员通过共同研发、市场推广、资源共享等方式进行合作，以提高整个产业的竞争力，降低成本，加速创新或解决共同面临的问题。产业联盟在资源共享、风险共担、标准制定、政策影响、市场拓展等方面具有诸多优势，一般分为股权联盟、契约型联盟、非正式联盟、市场合作产业联盟、产业链合作产业联盟、研发合作产业联盟、技术标准产业联盟等类型。一个产业联盟可能同时具备多种类型的特征，创业指导师在指导创业者对接市场资源时可以鼓励他们加入到产业联盟中。

3. 服务跟踪指导

（1）简化对接流程。市场资源的对接整合是一项专业性较强的工作，要尊重和倾听专业人士的意见和建议，通过问卷调查、访谈、观察等方式，全面收集市场资源供求双方的需求信息，并灵活运用大数据分析技术，分析双方所在行业的发展趋势，掌握市场供给和需求的真实情况。要尽可能简化中间人的信息传递，避免信息在传播过程中产生"噪声"。在实际指导中，可以通过书面需求清单和需求分析表等方式，清晰地将创业者的情况梳理展示，形成明确的需求点，提高在沟通对接时的目的性和精确性。

（2）设置工作台账。设置市场资源对接工作台账是一种有效的管理手段，可以帮助记录、跟踪和管理工作中的各项任务和活动。工作台账包含的内容有任务名称、负责人、开始和结束时间、进度情况、存在的问题和解决方案等。可以选择电子台账，使用电子表格（如Excel）或项目管理软件来建立和管理台账，以便于数据的整理、分析和共享；如果受到工作环境或条件的限制，也可以选择纸质台账，如笔记本或定制的记录本。为确保台账清晰易读，可以使用颜色、边框等来区分不同的信息区域，并根据实际情况设定合理的更新频率，如每日、每周或每月更新一次。如果台账中包含敏感信息，应确保其保密性，可以通过设置密码、限制访问权限等方式来实现，并定期备份台账数据，以防数据丢失或损坏。

（3）持续跟进评估。通过持续跟进，可以及时了解对接资源的执行情况，确保资源得到有效利用，达到预期效果，并有助于加强与合作伙伴的沟通和联系，维护良好的合作关系，为未来的合作奠定基础。在跟进过程中，如果发现对接资源存在问题或不足，可以及时调整策略，寻找更合适的资源或改进对接方式。市场资源对接活动结束后，应当定期进行跟踪和测评，定期与指导的创业者召开沟通会议，了解他们的需求和反馈，并分析对接资源的数据，如使用率、转化率等，以量化指标评估对接效果。

典型案例

策划并指导某体育设施有限公司实施市场资源对接活动

某体育设施有限公司是一家集研发、设计、生产、销售、施工、服务于一体的综合性运动地板生产企业，现有员工75人，其品牌为"某某运动地板"。创业指导师王老师在其创业初期，帮助梳理商业模式，提供了营销渠道对接服务和知识产权对接服务。

（1）营销渠道对接服务。对接各级大赛和展会，帮助企业进行项目推广。推荐其参加国际体育用品博览会、旅发大会、进出口博览会等展会和"中国创翼创业（创新）大赛"等，进一步提升企业品牌形象，并开拓代理商25个。

（2）知识产权对接服务。对接某知识产权代理有限公司，帮助申报各种知识产权55项，参加科技企业培育活动，指导其申报科技型中小企业和国家高新技术企业，享受国家高新技术企业的优惠政策和税收政策。此外，协调各方产学研资源，为其建立"新材料技术研发实验室"，推进产品的更新换代。推荐参加科技部门"揭榜挂帅"和科技券申领，为企业节约经营成本52万元。

学习单元 2　策划并指导实施人力资源对接活动

一、人力资源对接活动的主要服务内容

策划并指导好人力资源对接活动的前提是，熟悉人力资源对接活动的服务内容和不同内容之间的侧重点，并根据创业者的人力资源服务需求，有针对性地制定人力资源对接服务活动安排。一般来讲，人力资源对接活动的主要服务内容包含以下几个方面。

1. 招聘会

（1）现场招聘会。通常在大型展览中心、广场或学校等集会场所举办。企业和求职者可以面对面交流，直观展示企业文化和岗位需求，同时求职者也能更直接地了解企业情况和岗位要求。现场招聘会往往吸引大量企业和求职者参与，形成规模效应，提高招聘和求职的效率。特别是校园定向招聘，在各大高校内举办招聘会，能够极大提高公司在高校圈的知名度，为公司储备人才，而且校园招聘的费用相对低廉。

（2）网络招聘会。现场招聘会的线上延伸，通过互联网平台进行。网络招聘会打破了地域限制，使得企业和求职者可以跨越地域进行对接。求职者可以在线投递简历、参与视频面试等，提高了招聘的便捷性和效率。特别是直播带岗，邀请用人单位进入直播间，通过直播间的互动交流，针对求职者关心的岗位需求、薪资待遇、发展前景等问题进行现场连线作答，从而精准对接用人单位和求职者，成为提供就业岗位的一种新型招聘方式。

2. 人力资源派遣

（1）劳务派遣。是指由劳务派遣机构与派遣劳动者订立劳动合同，将劳动者派向其他用工单位，再由用工单位向派遣机构支付一笔服务费用的一种用工形式。在这种关系中，与派遣劳动者签订劳动合同的是劳务派遣机构，而派遣劳动者实际提供劳动的往往是用工单位。

（2）人才租赁。是用人单位根据工作需要，通过人才服务机构租借人才的一种新型的用人方式。这种方式下，人才服务机构与用人单位和派遣人员分别签订人才租赁协议、人才派遣合同，以规范三方在租赁期间的权利和义务。

3. 灵活用工服务

灵活用工属于人力资源服务领域中的一种重要形式，它涵盖多种非传统的用工方式，以满足企业在不同情境下的用工需求。企业根据自身的业务需求，采用非全日制、临时性、季节性、弹性工作等多种灵活用工形式，以实现人力资源的高效配置和利用。这种用工方式打破了传统固定用工模式的束缚，使企业能够根据市场变化和自身发展需求，灵活调整用工规模和结构，降低用工成本，提高运营效率。

4. 人力资源服务外包

人力资源服务外包，即企业将人力资源管理中非核心部分的工作全部或部分委托给专业的人才服务机构来处理，但托管人员仍隶属于委托企业。这是一种全面的、高层次的人事代理服务，旨在通过策略性地利用外界资源，将企业中与人力资源相关的工作及管理责任部分或全部转由专业服务机构承担。

（1）招聘与配置。提供人才推荐服务，包括简历筛选、面试安排、背景调查等；协助企业完成人员配置，确保岗位与人员相匹配。

（2）培训与发展。为企业提供员工培训计划，包括新员工入职培训、职业技能提升培训等；帮助员工制订个人职业发展规划，提升员工满意度和忠诚度。

（3）薪酬福利管理。负责员工的薪酬核算与管理，包括工资发放、奖金分配、福利政策制定等；确保薪酬福利体系的公平性和激励性。

（4）劳动关系管理。负责处理员工的入职、离职手续，管理员工档案；协助企业解决劳动争议，维护和谐的劳动关系。

（5）社会保险与公积金管理。为企业和员工办理社会保险和公积金的开户、缴费、变更等手续，确保员工的社会保障权益。

（6）人事政策与法规咨询。为企业提供最新的人事政策与法规咨询，帮助企业规避法律风险，确保人力资源管理活动的合法合规性。

 **相关链接**

春风行动

春风行动是一项专门为进城农民工提供就业服务的活动，由原劳动和社会保障部（现为人力资源社会保障部）发起，旨在解决农民工找工作难、保护自身权益难、融入城市难等问题，是发展"打工经济"，实现农村富余劳动力向非农产业转移、农民增收的重要途径,对于解决"三农"问题具有积极意义。

"春风行动"的主要措施如下。

1. 提供就业机会

通过开设专场招聘、组织线上线下招聘活动等方式,为农民工等劳动者提供丰富的就业岗位信息。同时,加强劳务协作和劳务品牌建设,带动帮助劳动者就业增收。

2. 保障合法权益

针对节后农民工大量外出、集中求职的高峰时期,严厉打击职业中介领域内的违法犯罪活动,依法取缔"黑中介",加强对职业中介的监管,规范用人单位招工行为,为广大劳动者特别是农民工创造公平有序的就业环境。

3. 整顿劳动力市场

加强对劳动力市场的整顿和管理,打击虚假招聘、就业歧视等违法违规行为,维护劳动力市场秩序。

4. 支持返乡创业

鼓励扶持返乡农民工创新创业,提供创业指导、政策扶持、资金支持等服务,促进农村经济发展。

5. 强化服务培训

为有需要的农民工提供职业指导、技能培训、创业培训等服务,提升他们的就业竞争力和创业能力。

二、策划并指导实施人力资源对接活动的步骤

1. 明确对接需求

(1) 分析现有人力资源状况。创业指导师在策划并指导实施人力资源对接活动前要对企业人力资源的现状进行全方位的摸底和分析。

第一,要分析企业现有的人力资源数量和结构。包括员工的总数,以及各部门、各岗位的员工分布情况。了解这些信息有助于判断企业是否存在人员过剩或不足的情况,以及各部门之间的人力资源配置是否合理。

第二,需要评估现有员工的素质。可以通过考察员工的学历、专业技能、工

作经验等来实现。高素质的员工队伍是企业发展的重要保障，了解员工的整体素质水平，有助于企业制订更为精准的培训和发展计划。

第三，要分析企业的人力资源管理能力。包括招聘、培训、绩效管理、薪酬福利等各个环节的管理水平。优秀的人力资源管理体系能够吸引和留住人才，提高员工的工作满意度和绩效。

第四，要评估人力资源系统的效能。高效的人力资源系统应该能够快速地响应企业的业务需求，提供准确的人力资源数据和分析报告，帮助企业做出科学的人力资源决策。

第五，要考虑人力资源政策与环境的影响。企业需要密切关注国家及地方的人力资源相关政策法规，确保企业的人力资源管理活动合规。同时，企业也要关注行业内外的人力资源市场动态。

（2）预测未来人力资源需求。创业指导师基于企业的人力资源现状，利用各种分析方法和预测手段，合理地预测企业未来人力资源的需求。

一是明确企业的发展战略和目标。这是预测人力资源需求的基础。根据企业的扩张计划、新产品开发战略、市场拓展战略等，可以初步估算企业未来需要增加的人员数量和类型。

二是利用历史数据进行趋势分析。通过分析过去几年的人员增长趋势，可以预测未来的人力资源需求。例如，如果企业过去三年员工数量以每年10%的速度增长，在其他因素没有显著变化的情况下，可以预测未来一段时间内，员工数量也会以相似的速度增长。

三是考虑业务变化和市场环境。业务模式的转变、新技术的引入、市场竞争态势等都会影响人力资源需求。例如，如果企业计划引入自动化生产线，对生产工人的需求就可能会减少，而对技术人员和维护人员的需求会增加。

四是分析员工流动率和退休计划。根据历史数据预测未来可能的员工离职情况，并据此补充新员工，了解员工队伍的年龄结构，预测未来一段时间内因员工退休而产生的空缺。

五是利用专业的人力资源需求预测方法，如经验预测法、专家预测法、德尔菲法、驱动因素预测法等。这些方法可以结合使用，以提高预测的准确性和可靠性。

六是考虑外部环境和政策法规的影响。经济环境、政策法规等因素也会对人力资源需求产生影响，例如，如果政府提高了最低工资标准或调整了劳动保障政策法规，企业可能需要增加人力资源投入以符合新要求。

2. 选择对接方式

（1）线上平台对接。人力资源对接活动均可以实现在线化。

一是人员招聘在线化。企业可以通过在线招聘平台随时随地发布招聘信息，如 BOSS 直聘、58 同城、智联招聘等。这种方式突破了时间和地点的限制，让求职者可以在不同的地点查看和申请职位。企业可以方便地在线上平台进行简历的处理和筛选，这大大提高了招聘效率，缩短了招聘周期。通过互联网，企业可以更高效地安排面试，如进行视频面试等，节省了双方的时间和成本。

二是员工管理在线化。企业利用互联网技术搭建企业内部的社交平台，如在线社区或反馈群等，这类平台能够促进纵向与横向的沟通交流，缩短部门之间的沟通距离，提高协同作战的效率。特别是即时通信工具的使用，如企业微信、钉钉等，利用这些即时通信工具进行日常工作的沟通和协调，确保了信息的及时性和准确性。同时，利用这些工具也可以完成考勤打卡、绩效管理、目标协同等工作，并高效完成员工入职、离职、调岗等员工关系管理的任务。

三是在线培训。企业可以在线提供多种不同类型的学习资源，如在线课程、参考材料、讨论论坛等，为员工创造一个灵活多样的学习环境。通过线上测试和评估方式，企业可以对员工的学习效果进行实时的监控和评估，以便及时调整培训计划。

四是薪酬管理在线化。企业可以利用人力资源管理软件在线管理员工薪酬，包括工资支付、缴税等相关的工资管理服务，这不仅可以简化流程，还可以提高工资管理过程的透明度和公正性。

（2）线下活动对接。人力资源线下对接是比较传统的方式，普遍适用于满足小微企业的需求。

一是人员招聘线下对接。线下对接允许人力资源服务团队与用人单位进行面对面的沟通，详细了解其岗位需求和招聘计划。可以在特定场地组织招聘会，邀请多家企业和求职者参加，进行现场面试和交流。

二是员工关系管理线下对接。定期举行员工反馈会议，收集员工对工作环境、福利等方面的意见和建议，以便及时改进。通过线下会议或活动，向员工详细解读公司的福利政策，确保员工充分了解和享受相关福利。

三是人员培训线下对接。线下培训的效果相比于线上培训更好，可以采用小班授课的方式，通过小组讨论、实地考察、分组对抗、案例分享、素质拓展、团队建设等多种方式进行，新员工培训更容易破冰融入，老员工培训更容易投入提升。

四是薪酬管理线下对接。在薪酬设计时，与企业高层和各部门负责人进行深入的线下沟通，可以提升设计的科学性和合理性。在绩效评估时，领导与员工进行面对面的绩效评估，提供明确的反馈和发展建议，更有利于企业决策的落实。

三、策划并指导实施人力资源对接活动的注意事项

1. 注重体验性

对接活动应设计得友好且易于参与，确保参与者在活动中获得积极的体验。要考虑参与者的需求和期望，使活动流程简洁明了，避免过于复杂的环节。要及时收集参与者的反馈，以便不断改进和优化后续活动。

2. 保护隐私性

在活动过程中收集的个人信息应受到严格保护，避免泄露给未经授权的第三方。应明确告知参与者他们的信息将如何被使用，并确保只用于与活动相关的目的。要采取适当的安全措施来保护数据，包括加密、访问控制等。

3. 突出适配性

活动内容和形式应与参与者的文化背景、年龄层次、兴趣爱好等相适应。要根据不同的参与群体调整活动策略，确保信息传达的有效性和吸引力。要考虑活动的灵活性和可定制性，以便更好地满足不同群体的需求。

4. 确保合规性

活动必须符合相关法律法规和行业规范，特别是涉及个人信息保护、劳动法等方面的规定。在活动策划和执行过程中可咨询法律专业人士，以确保所有环节都合法合规。要及时关注法律法规的更新和变化，以确保活动的持续性与合规性。

培训课程 2 创业（创新）竞赛指导

学习单元1　制订创业（创新）竞赛方案

一、撰写创业（创新）竞赛方案的流程

1. 明确方向

（1）竞赛主题。竞赛主题是方案的灵魂，确定一个有时代感、有号召力、有传播性的竞赛主题是非常重要的。竞赛的主题要简明扼要，字数应不超过20个字，尽量追求对仗的工整。要注重动词的使用，精准的动词可以让竞赛主题更有指向性和号召力。例如，"中国创翼"创业创新大赛的主题是"创响新时代，共圆中国梦"，中国国际大学生创新大赛的主题是"我敢闯，我会创"。

（2）总体目标。总体目标是方案的标尺，制定一个精确的、清晰的、可行的总体目标，是办好竞赛的关键。一般来讲，创业（创新）竞赛的目标包含以下几个方面。

一是激发创业创新热情。举办创业（创新）竞赛，首要目标是激发参与者，特别是大学生和青年创业者的创业创新热情，通过提供一个展示自己创新想法和商业模式的平台，来培养他们的创业意识和实践能力。

二是发现与培养优秀项目。创业（创新）竞赛是筛选和挖掘具有市场潜力和创新价值项目的有效途径之一。通过竞赛，可以发现并培育那些具有潜力的创业项目，为它们提供必要的资源和支持，帮助它们成长为成功的初创企业。

三是扩大创业影响力。创业（创新）竞赛通常伴随着广泛的宣传推广活动，包括社交媒体营销、新闻发布会、行业论坛等。这些活动旨在提高公众对创业的认知和兴趣，吸引更多人关注和参与创业活动，从而推动整个社会对创业的支持

和认可。

四是建立创业生态网络。创业（创新）竞赛不仅仅是一场比赛，更是一个汇聚创业者、投资人、行业专家、政府机构等多方资源的平台。通过这个平台，可以建立起一个广泛的创业生态网络，促进各方之间的交流与合作，为创业者提供更多的机会和资源。

五是促进地方经济发展。许多创业（创新）竞赛都是由地方政府或相关机构主办的，其目的之一就是通过支持创业活动来推动地方经济的发展。优秀的创业项目不仅能够创造就业机会，还能带动相关产业的发展，为地方经济注入新的活力。

（3）组织机构。竞赛的组织机构一般包括以下四个方面。

1）指导单位。通常由政府部门或相关权威机构担任，为竞赛提供政策指导和支持。

2）支持单位。这些单位提供资金、资源或其他形式的支持，以推动竞赛的顺利进行，通常包括媒体机构、大型企业、行业协会等。

3）承办单位。负责竞赛的具体组织和执行工作，通常由具有丰富活动组织经验的专业机构或单位担任。

4）协办单位。协助承办单位进行竞赛的组织和执行工作，通常包括相关行业协会、高校、科研机构等。

具体组织竞赛时，一般设置竞赛组委会，负责竞赛的组织领导。组委会下设秘书处、评审委员会、监督仲裁委员会、新闻宣传组等工作机构，具体负责竞赛的方案设计、统筹协调、组织实施、项目评审、宣传发动、监督仲裁、赛事保障等工作。如果是全国性的赛事，各省市还应该设置自身的竞赛赛区组委会。

2. 设置赛制

（1）赛道划分。赛道划分是否科学直接影响到竞赛的质量，因此要合理规划，确保同类别的项目同场竞技。赛道划分的标准有很多，通常采用以下三种方式。

一是按照是否注册公司划分，可以分为创意组（团队组）和创业组（企业组）。创意组项目大多停留在技术研发或者模式探索阶段，创业组项目已经落地推广且具有成熟的商业模式。

二是按照项目主营业务所在行业划分，可以分为先进制造、现代服务等，或者更加细化为半导体、新能源、环保、新材料、文化创意、乡村振兴、银发经济等，同类别的项目进行比拼更便于评审和比较，同时也可以体现赛道特色，提高赛事影响力。

三是按照参赛团队的身份特征划分，可以分为本科生、研究生、博士后等，也可以分为妇女、大学生、退役军人、农民等，这种划分更有人群特色，在竞赛组织上也更有针对性。

（2）报名条件。报名条件的设定与赛道划分紧密相关，不同赛道的报名条件应该有所不同。设定报名条件时通常考虑以下五个因素。

一是年龄国籍。一般设定最低和最高年龄限制，现在成年人参赛的普遍年龄下限是16岁，一些面向大学生举办的比赛，最高年龄一般为35岁。是否限制国籍或者根据国籍划分赛道，也是重要因素之一。

二是企业情况。企业的注册时间和注册年限需要重点考虑，一般竞赛都鼓励最近5年内注册的企业或者尚未注册企业的团队参加，成立时间较长的企业相对成熟和稳定。企业注册的地点有时也会被作为限制条件，如乡村振兴的企业要求注册在县域内，招商引资的企业要求注册在某个区域外等。

三是合法合规。报名参赛的项目应符合国家法律法规和国家产业政策要求，且经营规范，社会信誉良好，无不良记录。

四是独立原创。参赛项目应具有创新性的技术、产品或经营服务模式，较强的成长潜力和带动就业潜能。参赛项目须为原创性创新项目，对技术和产品有合法使用权，不存在知识产权争议，不会侵犯第三方的知识产权、所有权、使用权和处置权。项目的产品、经营属于同一参赛主体且独立运营。

五是特殊条款。有些竞赛要求参赛申报人必须是特殊群体或者满足特殊的条件，如学历或经历等，也有些竞赛要求往届获奖项目不能重复参赛。特殊条款的设定往往与竞赛的导向和任务目标紧密相关。

（3）赛程安排。赛程一般分成以下三个阶段。

一是竞赛启动和组织报名。通过各种渠道（如社交媒体、新闻媒体、行业论坛等）进行竞赛的宣传推广，吸引更多的参赛者和观众。根据需要招募志愿者，并进行相关培训，确保他们在竞赛期间能够提供专业的服务和支持。设立专门的报名网站或者报名渠道，接受参赛者的报名申请，并根据设定的标准进行筛选，确保参赛者的质量和水平。与相关行业、企业或机构建立合作关系，争取赞助和支持，提高竞赛的知名度和影响力。

二是初赛、复赛选拔。全国性的赛事一般由地市（学校）举办初赛，省级单位组织复赛；地方性或行业性的赛事一般根据报名参赛的数量设置一定的初赛、复赛晋级比例。初赛和复赛的选拔通常会根据竞赛的规模进行合理的赛程安排，有的还会细分网络评审和现场答辩等环节。

三是总决赛选拔。总决赛的赛程安排是各类创业（创新）竞赛最重要的环节，一般采用线下方式在特定的举办地集中开展。由于涉及人员交通、食宿的组织和协调，总决赛的时间不宜过长，一般不超过3天，同时要严格限制到场人数，并做好全方位的后勤保障。

（4）评审规则。评审规则的确定是竞赛能否高质量完成的关键所在，创业指导师可以从创新维度、商业维度、团队维度、社会价值维度等方面进行设置。虽然评审规则维度在不同的竞赛中基本相似，但是在细则的制定上却有着很大的差别。例如，同样是团队维度，面向大学生的竞赛更强调参赛团队成员的组成原则与过程是否科学合理，团队是否具有支撑项目成长的知识、技术和经验；面向大众群体的竞赛更强调参赛团队创始人和成员的知识、技能、履历、经验等要素。此外，还应该根据各类竞赛的特点设置更有特色的评审维度，例如，面向大学生的竞赛更强调教育维度，针对农业农村的竞赛更强调乡村振兴，聚焦节能环保的竞赛更强调绿色发展。

（5）奖励机制。奖励机制的设置直接关系到参赛者报名的积极性和赛事的含金量。设置奖励机制时要考虑以下三个重要因素。

一是获奖项目的数量。竞赛的奖项一般设置为一等奖（金奖）、二等奖（银奖）、三等奖（铜奖），获奖的数量依次增多，呈金字塔形分布。

二是奖励的种类。奖励的种类包含奖金、场地、政策等方面。要对不同奖项的奖励政策进行明确的界定，并尽量在方案中直接公布，以提升竞赛的吸引力。

三是获奖项目的后续支持。可以对获奖项目设立专门的展示专区或项目库，安排媒体进行集中报道或跟踪宣传，并对接各类投资机构、服务机构、创业导师持续提供支持，助力企业发展和成长。

3. 强调要求

（1）宣传发动。目的是提高竞赛的知名度和参与度。可通过多种渠道进行宣传，如社交媒体、新闻媒体、行业论坛等；制作吸引人的宣传材料，如海报、视频、推文等，突出竞赛的亮点和奖励；鼓励现有参赛者或往届获奖者分享经验，以产生口碑效应。

（2）组织保障。为确保竞赛的顺利进行提供必要的组织结构和资源。应成立专门的大赛组委会或工作小组，负责竞赛的整体规划和执行；制订详细的工作计划和时间表，明确各项任务的责任人和完成时间；合理安排场地、设施、人员等，以满足竞赛的需求。

（3）合作支持。与相关机构、企业或个人建立合作关系，以获得必要的支持和资源。可寻求赞助商或合作伙伴，为竞赛提供资金、物资或技术支持；与行业协会、专家学者等建立联系，邀请他们作为评委或提供指导；与媒体合作，增加大赛的曝光度和影响力。

（4）纪律监督。目的是确保竞赛的公平、公正和公开，维护竞赛的声誉和参赛者的权益。应制定严格的比赛规则和纪律要求，明确违规行为和处罚措施；设立监督机构或监督小组，负责监督竞赛的全过程，包括报名、评选、颁奖等环节；接受和处理参赛者或观众的投诉和举报，及时回应社会关注。

二、制订创业（创新）竞赛方案的注意事项

1. 注重报名范围

（1）覆盖范围要广泛。尽可能鼓励各行各业、全国各地区的创业者和创新者参与，打破行业和地域限制。年龄层次应多样，从青年学生到资深创业者，各个年龄层的人士都应被鼓励参与。

（2）赛道划分要科学。赛道的划分要遵循互斥原则，即同一个项目应该只能属于一个赛道。赛道的类别要有明确的划分标准，以便参赛者能够准确找到适合自己的赛道。同时，赛道设置应与时俱进，反映产业发展趋势，例如，近年来对新质生产力的关注，强调新兴产业和未来产业等。

（3）报名条件要明确。制订方案时要详细列出参赛者需满足的条件，如年龄、学历、项目阶段等，避免歧义。对项目类型、创新性、实用性等要提出具体要求，确保参赛项目的质量。要明确列出报名所需提交的材料清单，包括项目计划书、团队成员介绍等，以便参赛者提前准备。

2. 合理设置奖励机制

（1）获奖比例要适中。平衡获奖难度是竞赛最关键的点，获奖比例不应过高也不应过低，以维持竞赛的挑战性和参赛者的积极性。获奖比例过高可能会降低竞赛的含金量，而过低则可能让参赛者感到希望渺茫。同时，获奖比例应能够真实反映参赛项目的整体质量。这意味着，只有真正出色的项目才能获得奖励，从而确保竞赛的公正性和权威性。

（2）奖项设置要丰富。除了设置一、二、三等奖外，还可以考虑设立最佳创

新奖、最具商业价值奖、最佳人气奖、最佳带动就业奖等特别奖项，以表彰在不同方面表现突出的项目。此外，还可设置优秀组织单位奖、特别贡献奖等面向参与方的奖项，以及优秀工作人员、优秀指导老师、优秀志愿者等奖项。

（3）奖励政策要诱人。应提供丰厚的奖金、投资机会、孵化支持等实质性奖励，以吸引更多优秀的创业者和创新者参与竞赛。这些奖励应能够真正助力项目的落地和发展。除了物质奖励外，还可以提供非物质奖励，如媒体报道、行业认可、专业指导等，以提升获奖项目的知名度和影响力。为获奖项目提供持续的后续支持，包括创业培训、市场推广、资源整合等，这些举措也会使竞赛独具吸引力。

3. 确保公平公正公开

（1）竞赛机制要科学。制定清晰、具体的评判标准，确保每个参赛项目都能按照同一套标准进行评价。这些标准应该涵盖项目的创新性、实用性、市场潜力、团队协作等多个方面。同时，要采用科学的评分系统，确保每项评判标准都有明确的分值和权重。评分过程应公开透明，避免出现主观臆断或偏见。透明的竞赛流程更有助于提升参赛者的信任度，包括报名时间、提交要求、评审时间等。

（2）评审团队要专业。应组建由行业专家、投资者、学者、创业指导师等组成的多元化评审团队，以确保从不同角度全面评价参赛项目。评审团队成员要具备相关的专业知识和经验，能够客观、公正地评价参赛项目。同时，应避免利益冲突，确保评审的公正性。特别是在竞赛开始前，组委会应为评审团队提供明确的评审准则和评分标准，并适当地进行培训或沟通，以统一大家对评审规则的理解，减少主观因素的影响，保证评审结果的可靠性。

（3）监督渠道要通畅。应设立独立的监督机构或监督小组，负责监督整个竞赛过程，确保竞赛的公平公正。要建立公开透明的申诉机制，允许参赛者对评审结果提出异议，并确保申诉能够得到及时、公正的处理。可鼓励社会各界对竞赛过程进行监督，及时回应社会的关注和质疑，增强竞赛的公信力和透明度。

4. 考虑可持续发展

（1）品牌口碑要塑造。通过高质量的组织和公正的评审，树立竞赛的专业形象，让参赛者和观众都认可竞赛的价值。可通过多种渠道持续宣传竞赛的成功故事和影响力，提升品牌知名度，吸引更多高质量的参赛者和赞助商。要关注参赛者的全程体验，从报名到竞赛结束，确保每个环节都能给予参赛者良好的感受，从而建立良好的口碑。

（2）合作关系要稳定。与赞助商、合作机构等要建立长期稳定的合作关系，确保资源的持续投入和支持。应明确合作各方的利益诉求，寻找共同点，建立互惠互利的合作模式，促进双方的长期发展；定期与合作伙伴进行沟通，评估合作效果，及时解决合作中出现的问题，巩固合作关系。

（3）后续服务要到位。对获奖项目应进行持续的跟踪和支持，帮助其解决实际问题，推动项目的落地和发展；建立资源对接平台，为参赛者提供投资、孵化、市场推广等后续服务，助力其走上创新创业之路；收集参赛者和观众的反馈意见，不断改进和优化竞赛的组织和服务，提升竞赛的质量和影响力。

 **典型案例**

人力资源社会保障部关于举办第六届"中国创翼"创业创新大赛的通知

各省、自治区、直辖市及新疆生产建设兵团人力资源社会保障厅（局）：

为全面贯彻党的二十大精神，深入实施创新驱动发展战略、就业优先战略和人才强国战略，鼓励自主创新，培育新质生产力，以高质量创业带动高质量就业，2024年我部将举办第六届"中国创翼"创业创新大赛（以下简称大赛），现就有关事项通知如下：

一、大赛主题

创响新时代　共圆中国梦

二、组织机构

（一）主办及承办单位

主办单位：人力资源社会保障部、山西省人民政府

承办单位：人力资源社会保障部就业促进司、全国人才流动中心、山西省人力资源社会保障厅

（二）大赛组委会

成立大赛全国组委会，负责大赛的组织领导。全国组委会下设秘书处、评审委员会、监督仲裁委员会、新闻宣传组等工作机构，具体负责大赛的方案设计、统筹协调、组织实施、项目评审、宣传发动、监督仲裁、赛事保障等工作。秘书处设在人力资源和社会保障部全国人才流动中心。

各省级人力资源社会保障部门可联合相关部门和群团组织成立省级组委会，负责大赛的宣传动员、报名审核、省级选拔赛的组织实施、全国选拔赛和全国总决赛的组织协调、创业典型的推荐宣传和政策(资金)奖励扶持等工作。

三、赛制安排

大赛采用"2+3"模式，即：2个主体赛+3个专项赛。主体赛包括先进制造、现代服务2个赛道，专项赛包括乡村振兴、银发经济和绿色经济3个赛道。

(一) 主体赛

1. 先进制造

重点面向壮大我国实体经济，发展战略性新兴产业和先进制造业集群，以培育新质生产力，推进经济高质量发展的各类新兴产业创业项目。既包括信息技术、生物技术、新能源、新材料、高端装备、新能源汽车、绿色环保、航空航天、海洋装备等战略性新兴产业，也包括传统制造业的改造升级。

2. 现代服务

既包括研发设计、商务咨询、供应链金融、信息数据、人力资源、现代物流、采购分销、生产控制、运营管理等生产性服务业，也包括健康、托育、文化、旅游、体育、家政、物业等生活性服务业。

(二) 专项赛

1. 乡村振兴

重点面向乡村振兴战略背景下，致力于丰富乡村经济业态，发展各具特色的乡村富民产业，优化生产生活生态空间，建设宜居宜业和美乡村的各类乡村创业项目，包括农业科技研发、优良品种培育、特色种植养殖、农产品加工、农村电商物流、乡村生态治理、美丽乡村建设、乡村旅游开发、文化传承与创新、劳务品牌及乡土人才培育开发等。

2. 银发经济

包括老年康养、生活照护、文体娱乐、医疗保健、智慧养老、老年用品及康复辅助产品的研发创新、抗衰产品研发生产等为老年人提供产品或服务，促进银发经济发展的创业项目。

3. 绿色经济

包括生态农业、生态工业、生态旅游、环保产业、绿色能源、节能环保、绿色服务业，以及对现有的传统产业进行"绿色化"改造的创业项目。

大赛按照省级（含）以下选拔赛（推荐）、全国选拔赛、全国总决赛三个阶段实施。

主体赛每个赛道100个项目参加全国选拔赛，30个项目晋级全国总决赛；专项赛每个赛道每省最多推荐3个项目参加全国选拔赛，30个项目晋级全国总决赛。

四、参赛条件

以上赛事，年满16周岁的各类创业群体均可报名参赛，项目所在地位于中国大陆。其中，乡村振兴赛道限于下辖乡镇农村的县域以内（包括市辖郊区、县级市、县、自治县、旗、自治旗、特区、林区）注册、生产与经营。

报名参赛项目应符合国家法律法规和国家产业政策，经营规范，社会信誉良好，无不良记录。往届"中国创翼"创业创新大赛全国总决赛获一、二、三等奖及优秀奖的项目不能参加。

1. 截至2024年5月31日，在市场监督管理部门（民政部门）已登记注册且未满5年的企业或机构。

2. 参赛项目具有创新性的技术、产品或经营服务模式，具有较强的成长潜力和带动就业潜能。

3. 参赛项目须为原创性创新项目，对技术和产品有合法使用权，不存在知识产权争议，不会侵犯第三方的知识产权、所有权、使用权和处置权。

4. 项目的产品、经营属于同一参赛主体且独立运营。

5. 参赛者须为该项目的第一创始人或核心团队成员。

五、赛事流程

第一阶段：大赛启动和组织发动

1. 大赛启动时间：2024年3月中旬大赛启动，各省按要求成立省级组委会，制定本省大赛实施方案，广泛开展宣传发动。

2. 报名和审核

报名截止时间：2024年5月31日；审核确认截止时间：2024年6月10日。

各省级组委会自行设定报名通道，组织参赛项目报名，按不同赛道分类报名，不得兼报。

各省级组委会依据大赛报名参赛条件，对本省报名项目进行资格审核，并于6月10日前将审核结果上报至全国组委会。

第二阶段：省级以下选拔赛

1. 举办地市级、省级选拔赛时间：截至2024年7月20日。

各地原则上须采取项目路演方式举办地市级、省级选拔赛，条件允许可延伸到区县。有困难或特殊情况不能举办的，需经全国组委会同意后，按照统一规则，采取专家集中评审等方式对本省参赛项目进行选拔推荐。

2. 确定全国选拔赛参赛项目

时间：2024年7月31日前完成。

各省按照全国组委会统一分配的名额，确定本省参加全国选拔赛的项目。名额分配方式为：

主体赛，确保每省每个赛道不少于1个项目参赛，1个(不含)以上的名额，按前3年新增经济体数量权值分配。

专项赛，每省最多推荐3个项目(可少于3个或不推荐)参赛。

各省于7月31日前将入围全国选拔赛的项目资料上传大赛官网，全国组委会进行复核。复核结果反馈后，由省级组委会以短信、电话或邮件方式告知本省参赛者。

第三阶段：全国选拔赛和全国总决赛时间：2024年8月31日前

全国选拔赛和全国总决赛由全国组委会统一组织实施，地点待定。

1. 全国选拔赛

各赛道均分2个小组同时进行比赛，主体赛每组50个项目；专项赛每组不超过48个项目。每个项目参赛不超过3人，采取现场路演方式在2天内完成。各组获得前15名的项目晋级全国总决赛，其他项目获得"创翼之星"奖。

2. 全国总决赛

每个赛道30个项目参加全国总决赛，每个项目参赛人数不超过3人，采取现场路演方式1天完成，各评出一等奖2名、二等奖6名、三等奖10名、优秀奖12名。

全国总决赛结束后，全国组委会将举行大赛闭幕式并颁奖。

六、评审标准及规则

(一) 评审标准要点

以"鼓励自主创新、培育新质生产力、促进创新成果落地转化、拓宽就业渠道、带动高质量就业"为导向，重点关注项目的创新性、引领性、技术 (产品) 先进性、服务模式独特性与合理性、运营可持续性、带动就业数量质量等价值。

(二) 评审规则要点

全国选拔赛和全国总决赛项目评审采用抽签排序、分组同步、现场路演、现场评分的方式进行。

具体评审标准及规则将在大赛组织实施细则中明确。

七、奖励与扶持

(一) 奖励

全国组委会对获得全国总决赛一、二、三等奖、优秀奖的项目，颁发奖杯和证书，并分别给予相应奖金，同时由人力资源社会保障部授予"全国优秀创业创新项目"称号；对获得"创翼之星"奖的项目颁发证书。各地人力资源社会保障部门可按规定对获奖项目给予适当奖励。对严格按照统一名称、统一进度、统一标准举办省级以下选拔赛，组织、动员和宣传力度大、效果好，参赛项目数量多、质量好，大赛全程未发生违规事件的省份，以及对大赛提供大力支持的省 (地市) 级人力资源社会保障部门或社会机构、企业等，将以适当方式予以通报。

(二) 扶持服务措施

全国组委会设立"中国创翼"官网，将所有参加全国选拔赛的项目纳入大赛项目库，通过大赛平台持续宣传推广，提升创业项目和创业者知名度，帮助其对接资金和市场，拓宽发展渠道。

省级选拔赛期间，全国组委会可根据地方需求给予推荐评审专家、培训导师、投资机构和媒体宣传等方面支持。

对所有参加全国选拔赛的项目第一创始人，全国组委会将区分不同群体，在征求省级组委会意见的基础上，从中选树一批有代表性的典型人物，在社会上广泛宣传，发挥典型示范引领作用。

鼓励各地人力资源社会保障部门积极协调其他相关部门，将大赛评选结果与本地创业扶持、创业服务、人才鼓励等政策措施相挂钩，对晋级全国选拔赛的项目，尤其是获得"全国优秀创业创新项目"称号的项目，可放宽创业担保贷款申请条件，并在资金扶持、入驻园区、孵化培训等方面给予优先扶持。

八、宣传发动与配套活动

大赛启动后，全国组委会将广泛发动各类媒体对大赛进行全方位、多角度宣传报道，全程跟踪各阶段赛事进展，宣传地方经验做法，树立不同领域的创业典型，提升大赛的社会影响力和关注度，积极营造良好的创业创新舆论氛围。

省级选拔赛期间，各省应根据本地实际，结合"源来好创业"资源对接服务活动，积极举办创业讲座、创业培训、创投对接、研讨交流等配套活动，努力营造创业氛围、扩大社会影响、提升活动成效。全国选拔赛和全国总决赛期间，全国组委会视情组织赛前培训、创投对接、交流研讨、"源来好创业"推进活动等，同时鼓励各类创业服务机构和媒体充分发挥各自作用，积极参与大赛的相关活动，并为参赛项目提供指导、培训、宣传、推广、投融资等方面的深度服务。

九、联系方式（略）

学习单元2　制订创业（创新）竞赛评审规则

一、制订创业（创新）竞赛评审规则的流程

1. 把握赛事导向

（1）以终为始明确重点。赛事的主题和目标始终是评审规则制订的出发点和落脚点。鼓励什么、强调什么，在评审规则的具体描述和分值设定时就应该突出什么、明确什么。特别是要考虑到竞赛主办单位的工作导向，例如，人力资源社会保障部门主办的竞赛更看重就业维度，教育部门主办的竞赛更看重教育维度，科技部门主办的比赛更看重创新维度。

（2）以点带面引领趋势。随着科技进步和社会发展，竞赛规则的设定应当与时俱进。一方面，要积极响应党和国家的方针政策，研究最新的战略方向，例如，近年来强调的新质生产力的发展；另一方面，要主动顺应技术革命和创新发展带来的新机遇、新挑战，例如，人工智能和大数据的应用正在深刻改变人们的生产和生活方式。

（3）以赛促创推动发展。创业（创新）竞赛的最终目的是汇聚资源、促进创业、推动发展。当前的创新不应停留在理论层面或实验室阶段，而应鼓励产学研协同创新，以市场需求和产业需求为导向；当前的创业也不应停留在传统的模仿或粗放式发展阶段，而应鼓励高科技、高效能、高质量的创业。要把竞赛办成引领发展的标杆和旗帜，营造良好的氛围。

2. 起草评审规则

（1）划分评审维度。评审维度是指从大方向上对项目评审关注的要点进行划分，一般遵循基本的商业逻辑和企业经营管理常识，包括以下几个方面。

一是创新维度。包括技术创新，即通过研发新的技术、工艺流程、产品来实现创新；商业模式创新，即通过商业模式构成要素的变化，或者要素间关系及动力机制的变化来实现创新，例如互联网、数字经济、共享经济等因素的影响；服务创新，通过改善服务质量、提供新的服务方式或开发新的服务产品来实现创新。

二是团队维度。团队的组建应遵循科学合理的原则，确保团队成员具备支撑项目成长的知识、技术和经验，角色定位与分工协作科学合理；要建立良好的沟通与协作机制，确保信息畅通，问题得到及时解决；团队文化要积极向上，团队成员间相互尊重和彼此信任，形成正向的激励制度和团队氛围。

三是商业维度。从企业外部讲，包含了客户细分、行业分析、竞争对手分析、合作伙伴等重要因素；从企业内部讲，包含了价值主张、营销策略、核心资源、关键业务、财务数据等重要因素。商业维度考察的是项目商业模式的可行性和未来发展的潜力。

四是社会价值维度。促进高质量充分就业情况是社会价值的最直接体现，包括直接带动就业岗位的数量，间接带动创业就业的数量，预计未来3年将创造就业岗位的数量和保障员工合法权益等。同时，促进区域经济发展、产业转型升级的情况，对社会文明、生态文明、民生福祉等方面的推动情况，也都能体现企业的社会价值。

此外，有些竞赛还应该根据竞赛的导向和侧重点，增加一些个性化的评审维度,如面向大学生强调教育维度、实践维度,面向农村创业者强调乡村振兴维度,面向公共服务领域创业者强调公益维度等。

(2)细化评审科目。评审维度确定后,需要进一步细化评审科目。所谓评审科目,就是对某一个评审维度的具体描述。同一个维度的描述不同,评审的导向和项目的关注点也不尽相同。例如,对创新维度可以有不同的描述和侧重点,如果强调技术的独特性和领先性,可以这样描述:创意的新颖性,评估项目创意是否具有独特性和原创性;技术的创新程度,考察项目所采用技术或方法的先进性及其在同类项目中的领先程度;思维模式的突破,评估项目是否突破了传统的思维模式,能否带来全新的视角或解决方案。如果强调科技成果转化应用,则可以这样描述:项目遵循从创意到研发、试制、生产、进入市场的创新一般过程,进而实现从创意向实践、从基础研发向应用研发的跨越;团队能够基于学科专业知识,运用各类创新的理念和范式,解决社会和市场的实际需求;项目能够从产品创新、工艺流程创新、服务创新、商业模式创新等方面着手开展创新创业实践,并产生一定数量和质量的创新成果以体现团队的创新力。

(3)确定分值比例。竞赛的总分数一般为100分,不同维度的分数要合理分配。一般来讲,对于竞赛最关注的或导向最突出的评审维度,配分应相对高一些,但不同维度之间的分数不应该相差过大。在具体的评审科目中,分数要具体分配,最好给出明确的得分点,以便评审者在评判时能够有清晰且统一的标准,特别是具体的得分点往往有一个分值区间,评审者可以根据项目在这一个得分点上的具体表现酌情给分,以便于拉开项目的档次。

3. 讨论验证优化

(1)征求意见。将初步编写的评审规则发送给相关领域的专家、团队成员或利益相关者进行审阅,可以采用书面反馈的方式,也可以组织召开专题研讨会或交流会,鼓励审阅者提出宝贵意见和建议,特别是在评审规则的合理性、可行性和完整性方面,要广泛收集意见建议并分析反馈,对评审规则进行必要的调整和完善。

(2)查漏补缺。根据征求意见的情况,仔细检查评审规则中是否存在遗漏或不明确的地方,确保每条规则都能明确指导评审者进行工作,避免产生歧义或误解。对于发现的漏洞或不足之处,要及时补充和完善,并再次征询相关专家和利益相关者的意见建议。

(3)模拟验证。可以选择具有代表性的样本(如文档、项目计划等)进行模拟评审，按照评审规则逐步进行评审操作，记录遇到的问题和困难。然后根据模拟评审的结果，对评审规则进行进一步的优化和调整，以确保其在实际应用中的可行性和有效性。

二、制订创业（创新）竞赛评审规则的注意事项

1. 评审指标的全面性

（1）涵盖项目的核心要点。评审指标必须全面覆盖项目的所有关键方面，包括但不限于项目的创新性、可行性和竞争力等。针对每个核心要点，应设计具体的指标来衡量其达成情况，确保没有遗漏任何重要的评审维度。例如，在评审一个项目的商业维度时，评审指标应充分关注项目所在产业（行业）的规模、增长速度、竞争格局、产业趋势、产业政策等情况，考察项目是否具有明确的目标市场定位，设计出完整、创新、可行的商业模式，使其具有盈利能力或盈利潜力。

（2）体现项目的真实情况。评审指标应能够真实反映项目的实际情况，避免过于理论化或与实际脱节。指标的设定应基于对项目的深入了解，建议对一些可能参加竞赛的项目进行考察，通过实地调研、与项目团队成员沟通等方式，了解项目的实际运作情况，以此作为制定指标的依据，确保制定的指标更贴近项目实际发展情况。

（3）符合现实的发展需求。评审指标应与时俱进，适应当前行业发展的趋势和需求。制定评审指标时要考虑市场变化、技术进步等因素对项目的影响，确保指标具有前瞻性和实用性。例如，评估一件互联网产品时，除了要关注其当前的功能和性能外，还应考虑其是否符合未来用户体验设计的发展趋势、是否支持新兴技术（如人工智能、大数据等）的应用等。

2. 评审科目的互斥性

（1）避免交叉重复。设立评审科目时，应确保各科目之间内容相互独立、不存在重复或交叉。如果两个或多个科目之间存在重复的内容，评审过程中就可能出现重复劳动，降低评审效率。为了避免交叉重复，可以在设立科目时进行详细的规划和梳理，确保每个科目的范围和边界清晰明确。

（2）避免语义模糊。科目的名称和描述应该清晰、准确，避免使用含糊不清或具有多重含义的词汇。语义模糊可能导致评审者对科目的理解产生偏差，从而影响评审结果的准确性和一致性。为确保语义的清晰性，可以在设立科目时进行多轮讨论和修订，如果发现有语义模糊的情况，应及时进行澄清和说明，以确保

所有评审者都能准确理解科目的含义和要求。

3. 评审细则的可量化

（1）统一评审尺度。量化评审细则的首要目的是确保所有评审者使用相同的尺度或标准来评审项目。通过明确的量化指标，可以减少主观判断的影响，使得评审结果更加客观和可比较。在评审开始前，要对评审者进行培训，确保他们充分理解评分标准以及如何应用这些标准进行评分。开发或使用现有的评分工具，可帮助评审者更准确地根据项目质量进行打分。

（2）拉开等级差距。量化评审细则的另一个重要目的是清晰地拉开不同项目的等级差距。通过设定细致的评分标准，可以更准确地区分优秀、良好、一般和较差的项目，避免因为评分标准的模糊性而导致评分过于接近，无法真实反映项目之间的差异。在评审细则中，可以设定不同等级对应的分值范围，并确保这些范围之间有足够的差距，使其能够清晰地体现出不同项目的质量差异。

 **典型案例**

第六届"中国创翼"创业创新大赛评审标准
（主体赛先进制造）

一、创新引领性（30分）

1. 技术或产品具有原创性、创新性、引领性、先进性（10分）

2. 技术或产品具有行业领先性或取得了专利等知识产权成果，对发展战略性新兴产业、培育新质生产力、推进经济高质量发展具有示范性和引领性（10分）

3. 管理、经营和服务模式具有独特性、运营可持续性和竞争优势（10分）

二、带动就业（30分）

1. 直接带动就业岗位的数量，间接带动创业就业的数量（15分）

2. 预计未来3年将创造就业岗位的数量规模（5分）

3. 带动高校毕业生、退役军人、残疾人、脱贫人口等重点群体就业情况（5分）

4. 促进员工高质量稳定就业，在规范用工、提供发展平台、改善工作环境、引领生活方式转变等方面的举措和效果（5分）

三、项目团队（20分）

1. 项目第一创始人的素质、能力、背景和经历（5分）
2. 团队成员构成的科学性、完整性、互补性和稳定性（5分）
3. 团队的整体运营能力和执行力（5分）
4. 团队股权结构和员工激励机制合理性（5分）

四、发展现状和前景（20分）

1. 项目运营现状，已取得的经营业绩（5分）
2. 项目财务状况、融资状况（5分）
3. 项目具有广阔的市场前景，具备开拓市场的可行性和条件（5分）
4. 项目具有可持续发展的能力及良好的经济、社会价值（5分）

学习单元3　实施创业（创新）竞赛项目评审

一、创业（创新）竞赛评委的主要职责

1. 评估参赛项目

（1）产品/服务评估。仔细评估参赛者的产品/服务的创新性、市场前景、技术难度等，以确定其是否具有投资价值或发展潜力。

（2）项目可行性分析。对项目的实施方案、资源需求、预期成果等进行评估，判断项目的可行性和可持续性。

2. 提问与互动

（1）提问参赛者。通过提问的方式，深入了解参赛者的产品或服务、团队背景、市场策略等，以便更全面地评估项目。

（2）互动交流。鼓励参赛者展示项目亮点，同时与参赛者进行互动交流，解答疑问，提供反馈和建议。

3. 评分与评审

（1）客观评分。根据竞赛的评分标准，对参赛项目进行客观、公正的评分，

确保评分的准确性和一致性。

（2）综合评审。在评分的基础上，结合项目的整体表现进行综合评审，确定获奖名单或排名。

4. 总结与建议

（1）比赛总结。在竞赛结束后，对比赛进行总结，提炼亮点和不足，为未来的竞赛提供改进建议。

（2）提出宝贵意见。针对参赛项目的优势和不足，提出具体的改进意见和建议，帮助参赛者提升项目质量。

5. 遵守纪律与规则

（1）独立评审。确保评审过程的独立性，不受外界干扰，按照规定的评选程序进行评审。

（2）回避制度。如与参赛项目存在利益关系，可能影响评审公正性时，应主动提出回避。

（3）保密原则。遵守保密原则，不得泄露参赛项目的商业秘密或个人信息。

6. 其他职责

（1）参与评审培训。在评审前参加相关的培训或会议，了解竞赛规则、评分标准等，确保评审工作的顺利进行。

（2）推广与宣传。利用自身的影响力和资源，为创业（创新）竞赛进行推广和宣传，提高竞赛的知名度和影响力。

二、掌握创业（创新）竞赛评审工作要点

1. 网络书面评审要点

（1）资料完整度。评委需要确认所提交的资料是否齐全，包括但不限于项目商业计划书、展示文档（PPT）、佐证资料等；资料的格式是否规范，是否易于阅读和理解也很重要，例如，是否有清晰的目录结构、图表和插图是否专业等；不同部分之间提供的信息是否一致，有没有自相矛盾的内容。

（2）项目真实性。评委需要验证项目资料中提供的信息是否真实可靠，例如，团队成员的背景、技术成果的来源、市场调研的数据等；确认项目内容是否为原创，是否抄袭或剽窃他人成果；评估项目计划在实际操作中是否可行，提出的目标和预期成果是否合理。

（3）内容全面性。评委需要确认项目的参赛资料是否全面覆盖了对应的评审

维度，且向评委提供和展示了足够的证明资料，例如，技术创新是否有对应的知识产权证明，财务数据是否有对应的财务报表和审计报告，团队介绍是否有对应的学历学位证书和获奖证书，带动就业是否有对应的工资流水或社保缴纳凭证等。

2. 路演答辩评审要点

（1）关注匹配度。评委需要评估项目或产品是否紧密贴合当前市场需求或未来趋势，以及是否能满足特定用户群体的需求；考察团队是否具备实现项目所需的技术、资金、人才等资源，并且这些资源是否得到有效利用；项目的长期和短期目标是否与所采取的市场策略、产品策略等相匹配。

（2）考察竞争力。评委需要评估项目或产品相较于竞争对手是否具有独特的差异化优势，这些优势是否能够转化为市场份额；项目涉及的技术或创新点是否处于行业前沿，是否具备一定的技术门槛或专利保护；团队成员的背景、经验和技能是否构成强大的竞争力，能否支持项目的长期发展。

（3）论证可行性。评委需要评估团队是否能够清晰阐述项目的具体实施方案，包括时间表、里程碑、关键任务等；项目的财务预算是否合理，是否有明确的盈利模式，以及项目在长期运营中的可持续性；团队是否对项目可能遇到的风险进行了全面评估，并准备了相应的应对策略。

3. 评审工作注意事项

（1）严守评审标准。开始评审前，评委应充分了解并熟悉评审标准，确保在评审过程中能够准确应用这些标准。对所有参赛项目应使用相同的评审标准，特别是涉及项目数量比较多时，应当尽量避免出场顺序对项目成绩的影响，坚持"一把尺子量到底"。在评审过程中，评委必须严格遵守既定的评审标准，不得随意更改或放宽标准，避免因为个人喜好或偏见而影响评判结果，提问时只提问题，不表达个人观点或者给出意见建议，不影响和干扰其他评委的独立评判。

（2）坚持证据第一。评委的评判应基于参赛项目提供的实际证据和资料，而非主观臆断或道听途说。要对参赛项目提交的所有资料和数据进行仔细审查，确保其真实性、准确性和完整性。在做出评判时，应优先考虑那些有数据支持、能够量化的指标。如果缺少证据支撑，只有参赛项目的文字描述或者口头介绍，应当酌情减分，特别是对于弄虚作假或借用他人成果参赛的项目，要一票否决，绝不姑息。

（3）避免经验主义。评委在评审时应保持开放的心态，避免过分依赖自己的过往经验而忽视新的想法或创新点。评委应不断更新自己的知识储备,以适应新的评审环境和要求。即使遇到与自己经验不符的项目,评委也应保持客观公正的态度,按照评审标准进行评判,严禁仅凭个人经验作出决定。

职业模块 4

培训与指导

培训课程 1

培 训

学习单元1　制订创业指导师培训计划

二级创业指导师不仅要指导创业者，还要为三级和四级创业指导师提供培训和支持服务。为了确保培训和支持服务效果，二级创业指导师需要根据实际需求，制订一套全面且实用的培训计划。

一、创业指导师培训计划的主要内容

1. 培训计划说明

（1）培训对象级别与要求。二级创业指导师应明确三级、四级创业指导师需要掌握哪些知识、技能和职责。

（2）培训需求与目标。需要了解培训对象的特点和需求，制定有针对性的培训目标。由于培训对象的需求存在多样性，因此需要了解他们的共性需求和个性需求，知道培训对象需要什么样的支持，再结合培训内容，有针对性地设计培训课程。

2. 学习单元与课时分配

可以将创业指导师的培训内容分为不同的学习单元，合理分配课时，确保学员充分掌握所学内容。

3. 培训要求与培训内容

（1）培训要求。参加创业指导师培训的学员需要具备一定的基础，如学历、工作经验等。培训师资需满足相应的资格条件，具体参考《创业指导师国家职业标准（试行）（2024年版）》。

（2）培训内容。根据职业功能确定具体培训内容，包括相应的技能和相关知识。

（3）培训方式与方法。为了让学员更好地吸收知识，应尽可能以交互的方式，选择适宜的参与式培训方法实施培训，如讲座、案例分析、小组讨论、模拟演练、翻转课堂、路演指导等。

4. 培训教材与参考资料

创业指导师应选用权威、实用的培训教材，并提供丰富的参考资料、线上视频学习资料或相关资料链接，供学员在课后进行自主学习和深入探究。

5. 培训考核要求和题目

考核分为理论知识考试和操作技能考核，均采用闭卷笔试或机考的方式，主要考核从业人员从事本职业应掌握的基本要求和相关知识要求，以及从业人员从事本职业应具备的技能水平，成绩皆达60分(含)以上为合格。理论知识考试和操作技能考核的题目应从相应的创业指导师考核题库中抽取，按照《创业指导师国家职业标准（试行）(2024年版)》的要求实施考核，检验学员的学习成果。考核的题型通常包括但不限于填空、判断、选择、简答、案例分析、论述等。

6. 培训师资和专家

邀请具有丰富创业经验和教学经验的培训师资和专家担任培训师，他们应满足相应层级的创业指导师资格条件。

7. 培训后勤服务

创业指导师的培训计划还需包含提供完善的后勤服务，如场地、设备、餐饮等内容，以确保培训活动顺利进行。

8. 计划执行和评估

创业指导师应根据培训计划制订更为详尽的执行计划，明确培训的时间、地点、参与人员等，并对培训计划进行定期评估和优化。

二、制订培训计划的要求

1. 开展需求调研和分析

通过问卷调查、访谈等方式与服务对象建立联系，了解服务对象参训的想法，并对这些想法进行记录、归类和分析，为制订培训计划做好充分的准备。

2. 了解培训需求和目标

深入了解创业者和市场对创业指导师的需求和期望，结合创业指导师培训的相关课程内容，明确培训的具体目标。

3. 设计培训流程

（1）需求分析。要使用必要的问卷、访谈、市场调研等方式，深入了解创业者和市场对创业指导师的需求和期望。这些需求包括特定的创业知识、技能提升、实践经验分享等。同时，还要考虑创业指导师自身的基础条件和背景，确保培训内容具有针对性和适用性。通过细致的需求分析，在遵守技术要求的基础上，确保培训计划满足各方利益相关者的需求，为培训的成功奠定基础。

（2）项目评估。需要对培训项目的可行性、资源投入、预期效果等进行全面评估，包括对培训场地、设备、师资等资源的评估，以及对培训时间、培训周期、预算等方面的考量。通过项目评估，确保培训计划具有可行性，从而在有限的资源条件下实现预期的培训效果。

（3）制订计划。根据需求分析和项目评估结果，制订详细的培训计划。制订计划时要注重培训的灵活性和可调整性，在实践中不断调整和完善培训计划。

（4）实施指导。根据培训计划，组织学员参加培训活动，并提供必要的指导和支持。实施指导过程中要注重学员的参与和互动，鼓励学员积极提问、分享经验、交流想法。同时，还要根据学员的反馈和评估结果，及时调整和优化培训内容和方法，确保学员能够真正掌握所学知识和技能，并能将其应用于实际工作。

4. 提供策略建议

（1）注重理实结合。建议学员在学习过程中注重理论与实践相结合，通过实际案例分析、模拟演练等方式加深对理论知识的理解，提高实践能力。鼓励学员关注创业趋势和变化，以便在指导创业者时能够提供更加符合市场需求的建议。

（2）建立资源网络。鼓励学员在培训期间建立创业指导师资源网络，促进合作与优势互补。

（3）持续学习提升。强调持续学习和自我提升的重要性，鼓励学员在培训结束后继续保持学习的热情，不断提升自己的创业指导能力。

（4）注重沟通协作。建议学员在培训期间注重提升自己的沟通协作能力，以便更好地完成创业指导工作。

（5）培养创新思维。高级别的创业指导师可以分享一些创新思维的方法论，如设计思维、敏捷开发等，鼓励学员在实践中尝试应用这些方法论来解决问题。

（6）重视风险管理。高级别的创业指导师可以分享风险管理的策略和方法，帮助学员了解如何识别和评估风险，以及如何制定有效的风险应对措施，提升学员的创业风险意识和风险管理能力。

（7）鼓励分享总结。高级别的创业指导师可以分享自己或他人的成功案例和失败案例，让学员从中汲取经验和教训。同时，鼓励学员在培训期间或之后进行经验总结，逐步形成自己的创业指导方法论。

（8）提供实战指导。在条件允许的情况下，高级别的创业指导师应为学员提供实战指导的机会，可以以创业指导小组的状态完成针对服务对象的陪跑、指导，也可以在学员遇到实际的创业指导问题时提供必要的指导和帮助。

典型案例

王老师的创业指导培训计划

王老师是一名二级创业指导师，他接到了一项培训任务，需要为一个报考四级创业指导师的培训班开展培训。王老师很重视此次培训，并进行了认真的需求调研、内容选择和培训设计。培训班学员中有58%是公共创业服务部门的从业人员，20%是高校创新创业管理或教学人员，22%是社会培训机构的创业培训从业人员。他们对创业指导的理论知识和实践技能有一定的了解，但需要进一步提升以更好地服务于创业者。于是，王老师针对学员的需求，结合四级创业指导师的教学内容和任务，设计了此次培训计划。以下是王老师的培训计划制订步骤。

1. 开展需求调研和分析

王老师首先通过问卷调查和个别访谈的方式，收集了即将参加培训的创业指导师的需求和期望。他发现，这些指导师普遍希望提升自己创业项目评估、创业者心理辅导、风险管理以及如何更有效地与创业者沟通等方面的能力，希望培训能够与他们的工作相结合并提供案例和实际指导。

2. 了解培训需求和目标

基于调研结果，王老师明确了培训的主要目标：了解创业指导师的职业道德以及相关基础知识，提高基础信息咨询服务、政策法规咨询服务、创业培训服务、企业创办指导方面的综合能力，使学员能够胜任四级创业指导师的相关工作。

3. 设计培训流程

（1）需求分析。通过访谈收集信息，在培训中，通过反馈意见问卷收集学员信息，并进行课程培训的针对性优化。

（2）培训主要内容。王老师参照创业指导师职业技能标准，确定了以下培训内容和授课时长比例：理论知识包含职业道德5%、基础知识25%、基础信息咨询服务20%、政策法规咨询服务15%、创业培训服务20%、企业创办指导15%，实践技能包含基础信息咨询服务30%、政策法规咨询服务30%、创业培训服务20%、企业创办指导20%。

（3）培训方式与方法。采用讲座、案例分析、小组讨论、模拟演练、翻转课堂、路演指导等方式与方法实施培训。

4. 确定培训教材与参考资料

王老师与培训机构确定需要订购的创业指导教材，并结合线上资源和案例库，为学员提供丰富的学习材料。

5. 确定培训考核要求和题目

王老师与培训机构确认此次考核的方式，即理论知识考试和技能考核两种方式，及其具体安排，以确保考核顺利进行。

6. 确定培训师资和专家

王老师与培训机构确认合作授课的其他创业指导师或行业内的资深专家，主动与他们沟通培训中的合作问题，保证培训的效果。

7. 确定培训后勤服务

王老师与培训机构提前沟通，选择适合小组讨论和路演的培训场地、设备、适宜的自助餐饮等，并根据需要确定是否安排住宿，以提供良好的学习、生活环境。

8. 计划执行和评估

王老师制订了详细的执行计划，并计划在培训结束后进行全面评估，以优化未来的培训活动。

学习单元 2　编写培训讲义

一、培训讲义的主要内容

1. 封面
明确培训课程的标题、培训日期、讲师姓名、培训机构或 logo 等信息。

2. 前言和目录
前言中简要介绍培训的背景、目的和重要性，或者培训的目标和预期成果，激发学员的学习兴趣，帮助其明确学习方向。讲义目录中应列出讲义的主要章节和页码，帮助学员快速找到所需内容，提高查阅和复习的效率。

3. 设定课程目标
明确学员通过课程应达到的目标和收获。如果培训内容较多，还可以将整体的目标分解成更小、更具体的子目标，帮助创业指导师更系统地规划和实施培训内容。例如，如果总目标是培养学员的市场分析能力，那么子目标可以包括掌握市场调研的方法、理解目标客户的需求、学习分析竞争对手的策略等。一般情况下，应考虑从学员角度设定课程目标，以吸引学员的兴趣和参与热情。

4. 呈现课程内容
（1）内容筛选。根据培训目标筛选与创业指导师工作密切相关的知识点和技能点，并依据学员需求与时俱进地调整内容。

（2）内容结构。对筛选出的内容按照学习单元合理分配，并按照一定的逻辑顺序和结构呈现，便于学员建立完整的知识体系。

5. 运用案例分析
（1）案例选择。应挑选具有代表性和启发性的创业案例。这些案例应能涵盖创业过程中的关键问题和挑战，并且能够引发学员的思考和讨论。可将以往成功或失败的创业指导故事改编为案例，以利于学员理解，启发学员思考。

（2）案例运用。将案例与培训内容紧密结合，通过案例分析引导学员深入理解创业过程中的问题和挑战。还可以鼓励学员通过模拟演练等方式将所学知识应用于实践，提高他们的实际操作能力。

6. 添加图表图片

在培训讲义中添加图表、流程图、示意图、实物照片等辅助说明复杂概念或操作步骤，可增强视觉效果，帮助学员更直观地理解内容。

7. 设计互动环节

设计互动环节可以提升学员的参与度和积极性。例如，设置小组讨论或辩论式的讨论环节，让学员分享自己的经验和看法；设置问答环节让学员提问和回答问题。这些互动环节可以帮助学员更好地理解和掌握知识，并促进他们之间的交流和合作。互动环节设计要充分考虑其有效性，确保其不影响课程的进程和培训目标的实现。

8. 提供练习思考

为促进学员学习转化，检验学员学习成果，应在培训讲义中提供必要练习题、案例分析题或思考题，以促进学员思考和讨论，帮助学员巩固所学知识。

9. 评估与总结

应设计评估方式（如小测验、案例分析报告等）来检验学员的学习成果，并收集学员的反馈意见。

10. 附录

可根据需要为学员提供拓展学习资源，如参考文献、相关资源链接、术语解释等。

二、编写要求

1. 目标明确

培训讲义中的每一部分内容都应直接服务于培训总目标，对于子目标也应该具体而明确地展示出来。例如，如果总目标是提升创业指导师的市场分析能力，讲义中就应该有专门的内容来详细讲解市场分析的方法、工具和步骤，确保学员能够明确知道通过学习达到什么样的能力水平。

2. 结构清晰

清晰的讲义结构有助于学员更好地理解和吸收知识。可以参考加涅的教学设计模型，对课程的重要内容进行细分，按照逻辑顺序加以编排，并考虑每个章节、小节之间的联系和衔接。可以使用标题、小标题、编号列表等方式突出重点和层次，使学员能够一目了然地看到整个培训内容的框架和脉络。

3. 逻辑严谨

逻辑严谨是培训讲义质量的重要保证。培训讲义中的每个知识点、每个案例都应该经过严格的筛选和论证，确保内容之间逻辑关系紧密、合理。同时，在解释和阐述问题时，应该遵循科学的逻辑思维方式，避免出现逻辑错误或矛盾。

4. 易于理解

培训讲义应该通俗易懂，避免使用过于专业或复杂的术语和表达方式。解释概念和理论时可以采用类比、举例等方式来辅助说明，使学员能够更加直观地理解和掌握知识。同时，也可以采用图表、流程图等视觉辅助工具来帮助学员理解和记忆。

5. 实用适用

培训讲义应该紧密结合创业指导师的实际工作需求，提供具有针对性的解决方案和策略。同时，也要考虑到不同学员的背景和水平差异，确保讲义内容能够满足大多数学员的需求。

6. 形式多样

为了提高学员的参与度和学习效果，培训讲义中可以包含多种形式的互动内容。例如，设置小组讨论环节，让学员分享自己的经验和看法；设置案例分析环节，让学员分析实际案例并提出解决方案；设置角色扮演、模拟演练等实践活动，让学员亲身体验创业指导的过程。这些互动内容不仅可以增加学习的趣味性，还可以帮助学员更好地理解和掌握知识。

7. 迭代改进

编写培训讲义是一个不断迭代和改进的过程。每次培训结束后应收集学员的反馈意见和建议，对讲义进行修订和完善。同时，也可以组织教研活动，邀请专家或资深创业指导师进行分享和交流，将他们的经验和教训融入讲义中。这样不仅可以提高讲义的质量和实用性，还可以促进创业指导师之间的交流和合作。

 **典型案例**

王老师设计的"基础信息收集整理"课程培训讲义

王老师是一位二级创业指导师，他为即将举办的四级创业指导师培训班编写了一份"基础信息收集整理"课程培训讲义。这份讲义旨在指导新晋创业指导师收集服务对象的基础信息。详尽的基础信息有助于创业指导师深入了解服务对象的背景、经验、资源和需求,从而提供更为个性化和精准的指导服务。

王老师结合学员实际需要,围绕学员工作场景,设计匹配的、具有高度互动性的培训,以确保学员能够将理论知识与实际应用相结合。他在讲义中设置了一些真实的创业案例,并通过图片、图表、练习等方式促进学员学习转化,还设计了必要的互动环节,提高学员的参与度。

1. 封面

封面包含培训课程标题"四级创业指导师——基础信息收集整理"、培训日期、王老师的照片和简介、培训机构的 logo。

2. 前言和目录

前言简要介绍了"基础信息收集整理"课程的培训目的和重要性,目录列出了讲义的主要章节和页码。

3. 设定课程目标

明确"基础信息收集整理"课程总目标是了解收集和整理基础信息的基本内容、原则和方法。具体目标还将围绕学员需求设计。

4. 呈现课程内容

王老师针对具体目标进行了课程内容筛选和重构,包括理论知识讲解、案例分析、操作步骤、练习、思考等。

5. 运用案例分析

选择几个具有代表性的创业案例,如创业中心的前台接待案例,让学员通过角色扮演和案例分析,理解信息收集过程中沟通的技巧。

6. 添加图表和图片

在讲义中添加众多图表和图片,例如,收集基本信息的流程图和模型图,帮助学员更直观地理解课程内容。

7. 设计互动环节

互动环节设计采用小组讨论、角色扮演、模拟演练、世界咖啡等方式,让学员在实践中学习和应用所学知识。

8. 提供练习思考

在培训中提供 6 道练习题和 3 道思考题,以检验和巩固学员的学习成果。

9. 评估与总结

设计一个小测验和反馈问卷,以评估学员的学习成果,收集他们的反馈意见。

10. 附录

提供信息登记表、线上问卷制作视频、远程访谈设备调试视频等链接以及其他拓展学习资源,包括参考文献、术语解释等。

培训课程 2

指 导

学习单元 1　创业指导工作中的常见问题和指导

一、常见问题

1. 缺乏对服务对象和需求的深入了解

创业指导师在提供服务时，如果未能深入了解服务对象的背景、需求和问题，可能会导致指导方向偏离实际，无法满足服务对象的真实需求。

处置建议：指导前进行充分的沟通，了解服务对象的实际情况和需求，确保指导内容与其实际情况和需求相契合。

2. 过度依赖理论，缺乏实践运用

有些创业指导师过于依赖理论知识，而忽视了实践应用的重要性。他们缺乏将理论知识转化为实际操作的能力，容易导致指导内容与实际脱节。

处置建议：强调理论与实践相结合的重要性，鼓励创业指导师在实践中不断学习和总结，提升实践运用能力。

3. 市场和行业的知识信息更新不及时

创业指导师需要关注市场和行业的最新动态，以便为服务对象提供及时、准确的指导。如果他们不及时更新知识信息，就可能导致指导内容滞后，无法跟上市场发展步伐。

处置建议：建立定期更新知识信息的机制，鼓励创业指导师通过参加培训、阅读专业书籍等方式不断更新自己的知识体系。

4. 缺乏运用创新思维和方法解决问题的能力

服务对象在创业过程中可能会遇到各种复杂的问题，如果创业指导师缺乏创新的思维和方法，可能无法提供新颖或有效的解决方案。

处置建议：培养创业指导师的创新思维和方法，提升分析和解决问题的能力，鼓励他们从不同角度思考问题，以获得更多创新的解决方案。

5. 指导过程中沟通技巧把握不好

创业指导师在指导过程中需要掌握一定的沟通技巧，以便更好地与服务对象交流。沟通技巧不足可能影响指导效果。

处置建议：加强创业指导师沟通技巧的培训、练习和实践，提高他们的沟通水平。同时，鼓励他们在实践中不断总结经验教训，提高自己的指导水平。

6. 服务对象接受指导的积极性不高

有时，尽管创业指导师提供了有效的指导，但服务对象因为种种原因对指导的接受程度不高，这可能导致指导效果大打折扣。

处置建议：深入了解原因，通过提供更具针对性的指导，加强与服务对象的沟通和交流，增强其信任感和归属感。

7. 指导效果记录和收集不够

创业指导师在指导过程中需要记录和收集体现指导效果的数据和信息，以便对指导效果进行评估和改进。如果有关记录和收集不够，可能无法准确评估指导效果，也无法为未来的指导提供有价值的参考。

处置建议：建立完善的指导效果记录和收集机制，定期分析数据和信息，及时发现问题并改进。

二、指导原则

1. 有效沟通原则

对于三级和四级创业指导师而言，有效沟通是确保指导过程顺利进行的关键。二级创业指导师应强调，在与创业者交流时要采用清晰、准确、及时的语言，充分理解并尊重创业者的观点和需求。有效沟通不仅要求信息传递准确无误，还要注重建立双方的信任关系，使创业者愿意分享更多真实的信息和反馈。

为了实现有效沟通，建议采用多种沟通方式，如面对面交流、电话沟通、电子邮件或社交媒体等，积极倾听，理解创业者的真实意图和需求，以便提供更精准的指导和建议。

2. 需求导向原则

需求导向原则要求三级和四级创业指导师始终将创业者的需求放在重要位置。在指导过程中，他们需要深入了解创业者的实际需求，包括项目选择、市场分析、团队建设、资金筹集等，为创业者提供量身定制的指导方案。

建议创业指导师加强与创业者的沟通，通过问卷调查、访谈等方式收集信息，根据市场变化和创业者的发展情况及时调整指导方案，确保方案的有效性和适用性。

3. 把握要素原则

把握要素原则是指在指导过程中，三级和四级创业指导师需要关注并把握影响创业成功的关键要素。这些要素包括市场分析、商业模式、产品定位、营销策略、团队管理等。在指导过程中，创业指导师要引导创业者深入分析和理解这些要素，并帮助他们找到解决问题的方法和策略。

建议创业指导师加强学习和实践，关注行业动态和市场变化，不断提高自己的专业素养和指导能力。

4. 持续学习原则

持续学习原则要求创业指导师始终保持学习的状态，不断更新自己的知识和技能。在创业指导领域，新的理念、方法和工具不断涌现，创业指导师需要不断学习和探索，以保持自己的竞争力。

建议创业指导师通过参加专业培训、阅读专业书籍、参与行业交流等方式，不断拓宽自己的知识视野和思路，并将所学知识应用于实践，通过实践不断检验和完善自己的指导方法和技巧。

5. 记录陪伴原则

记录陪伴原则是指在指导过程中，创业指导师需要记录创业者的成长历程和遇到的问题，并陪伴他们共同面对和解决这些问题。通过记录创业者的成长历程和遇到的问题，创业指导师可以更好地了解创业者的需求和变化，为他们提供更精准的指导和建议。陪伴创业者共同面对和解决问题可以增强双方的信任和合作关系，为创业成功打下坚实基础。

建议创业指导师建立完善的记录系统，定期记录创业者的成长历程和遇到的问题，与创业者建立长期的合作关系，陪伴他们成长和发展。

学习单元 2　制订培训指导规范

为确保指导工作的系统性和专业性，二级创业指导师需为三级和四级创业指导师制订详细的培训指导规范，涵盖技术标准、职业道德、指导效果等方面，并强调个性指导、沟通互动以及持续优化改进的重要性。

一、制订培训指导规范的要点

1. 遵循技术标准

（1）类别。明确指导类别，根据创业者的需求和发展阶段，将指导内容划分为不同的类别，如初创期指导、成长期指导、转型期指导等，每个类别都应有相应的指导重点和方法。

（2）标准。制定明确的指导标准，包括指导内容、指导方法、指导周期等方面的标准。这些标准应基于行业最佳实践，确保指导工作的专业性和有效性。

（3）实施。按照标准实施指导工作，确保指导过程的规范性和一致性。同时，要关注指导过程中的细节，确保每个环节都能达到预期的效果。

（4）评价。建立评价机制，对指导工作进行评价和反馈。评价应关注指导效果、创业者满意度、就业率等方面，以便及时调整和优化指导策略。

2. 追求指导的有效性

创业指导师可以采用一系列结构化和条理化的方法，结合实例、信息来源、图片和图表来增强指导效果。关注创业者的实际需求和问题，提供切实可行的解决方案。同时，关注指导效果的反馈和调整，确保指导工作能够真正帮助创业者解决问题并取得成功。

3. 重视个性指导

创业指导师要重视为不同服务对象提供个性指导，在了解服务对象背景和需求的基础上，提供个性化的指导方案，满足其独特的需求。个性指导能够帮助创业指导师更准确地识别问题所在，提供更有效的指导和建议，增强服务对象对指导服务的信任感和满意度，使其更愿意接受并实施指导建议。

个性指导前可通过背景调查和行业分析的关键信息获取来进一步了解需求，见表 4-1。

表 4-1 个性指导信息调研表

服务对象背景与需求	具体内容
个人基本信息	姓名、年龄、教育背景、工作经验等
创业基本信息	创业时间、创业过程、市场定位、竞争分析等
需求描述	遇到的问题、具体需求、期望目标等

了解需求后还需要制订个性化指导方案，方案要点见表 4-2。

表 4-2 个性化指导方案要点

项目	内容
需求分析	详细分析服务对象的主要需求和关注点
指导内容	具体建议、方法、步骤等
指导方式	面谈、电话、视频会议等
时间安排	明确的指导时间表和后续跟进计划

创业指导师按照个性化指导方案，对服务对象进行具体的指导和帮助，注意收集服务对象的反馈意见，及时调整指导方案。

4. 保持沟通互动

创业指导师要与创业者保持良好的沟通互动，关注创业者的反馈和需求变化，及时调整指导策略。同时，要鼓励创业者提问和表达意见，以便更好地了解他们的需求和问题。通过沟通互动，建立更加紧密的合作关系，提高指导工作的效果。

5. 尊重意愿决策

创业指导师要尊重创业者的意愿决策，提供指导建议时要充分考虑创业者的意愿和决策能力，避免过度干预或替代决策。同时，要关注创业者的决策过程和执行情况，提供必要的支持和帮助。

6. 持续优化改进

创业指导师要持续关注指导工作的效果和问题，不断优化和改进指导策略和方法。通过总结经验教训、学习新知识和技能、参与行业交流等方式，不断提高专业素养和指导能力。同时，要与创业者保持长期的合作关系，共同面对和解决创业过程中的挑战和问题。

二、制订培训指导规范的步骤

1. 明确目标和原则

目标通常包括提高创业指导师的专业素养，确保指导工作的系统性和专业性，优化创业指导流程等。原则方面,应强调以创业者为中心,注重实践效果,鼓励创新与持续改进等。

2. 调研分析

全面了解创业指导市场的现状、创业者的需求、创业指导师的工作状况等,可以找出当前指导工作中存在的问题和不足,为制订更具针对性的规范提供依据。

3. 制订内容

内容应涵盖创业指导的各个方面,如技术标准、职业道德、指导方法、评估体系等。同时,要确保内容的具体性、可操作性和实用性。

4. 征求意见与修订

初步制订规范内容后,应广泛征求四级和三级创业指导师及相关专家的意见和建议。通过收集反馈,发现规范中存在的问题和不足,并进行必要的修订和完善。这一步骤有助于确保规范的合理性和有效性。

5. 实施与监督

应关注规范在实际工作中的应用情况,及时发现并解决存在的问题。应定期对规范的执行情况进行检查和评估,确保规范得到有效执行并取得预期效果。

6. 持续改进

持续关注市场动态和创业者需求的变化,及时对规范进行修订和完善,确保规范始终符合时代发展趋势和创业者的实际需求。

 **典型案例**

王老师的创业指导实践

王老师是一名二级创业指导师,他负责为一批准备报考三级创业指导师的学员进行培训。

在培训过程中,王老师发现,学员们在分析实际案例时往往难以将理论知识与实际情况相结合,特别是在理解服务对象的真实需求和提供有效指导方案方面存在困难,且解决创业者问题更习惯于依靠个人经验。此外,一些学员在沟通技巧和创新思维方面也表现出明显的不足。为了帮助大家更规范地掌握创业指导师的相关工作内容,王老师在以下几个方面加强了指导。

1. 明确目标

王老师根据学员需求和与时俱进的工作导向，明晰了收集整理信息、为创业者提供专业创业指导对于服务对象的重要性。首先，将市场和行业知识更新作为创业指导师绩效考核的一部分；其次，通过案例分析等方法帮助学员理解培训指导规范；最后，通过训练实现解决创业问题的系统性。

2. 调研分析

王老师利用创业指导师培训中涉及的多种方法，收集整理信息、了解服务对象，找到具体问题的关键。

3. 指导建议

王老师采用引导式访谈和调研，倾听服务对象的意见和建议，深入了解服务对象的真实需求和期望，及时反馈并调整指导策略。

4. 理实结合

在内容方面，王老师鼓励学员通过了解真实创业项目的实际操作来理解创业指导理论，通过桌面调查或现场调研的方式快速实践，加深对理论知识的理解和应用。最好能够实地走访企业观察，让信息收集和整理工作更有针对性和有效性。

5. 多元方式

根据服务对象的需求和特点，王老师认为多元化的信息收集方式很重要，灵活地采用电话、视频会议、现场指导等多种方式进行指导，既节约时间也可存留视频文字信息。

6. 征求意见与修订

王老师对培训进行合理规划后，还进一步征求了专家和学员的意见，以寻求培训指导规范与培训需求满足的双考核达标。

7. 指导方案

王老师根据服务对象的实际情况和需求，量身定制了个性化的指导方案。在指导过程中注重与服务对象的互动和反馈，及时调整指导方案，结合创业指导师教材内容，引导学员分析、思考和运用。

8. 鼓励协作

王老师鼓励学员之间的团队协作，共同解决复杂问题。通过学员间建立资源共享机制，将优质的创业资源、信息和经验在团队内部分享。

9. 评估反馈

王老师对此次培训和指导进行了评估,进一步了解培训和指导效果,以及服务对象的满意度,并根据评估结果及时调整了指导策略和服务内容。

10. 注重职业道德和职业素养

王老师认为在指导过程中必须强调创业指导师的职业道德和职业素养,因此在培训和指导过程中,始终要求他们保持诚信、公正和专业的态度。